职教春秋
ZHIJIAO CHUNQIU

高等职业教育工作浅谈

黄 凯◎著

暨南大学出版社
JINAN UNIVERSITY PRESS

中国·广州

图书在版编目（CIP）数据

职教春秋：高等职业教育工作浅谈/黄凯著．—广州：暨南大学出版社，2015.12
ISBN 978 - 7 - 5668 - 1586 - 6

Ⅰ.①职…　Ⅱ.①黄…　Ⅲ.①高等职业教育—教育工作—中国—文集　Ⅳ.①G718.5 - 53

中国版本图书馆 CIP 数据核字（2015）第 183877 号

出版发行：暨南大学出版社

地　　址：中国广州暨南大学
电　　话：总编室（8620）85221601
　　　　　营销部（8620）85225284　85228291　85228292（邮购）
传　　真：（8620）85221583（办公室）　85223774（营销部）
邮　　编：510630
网　　址：http：//www.jnupress.com　http：//press.jnu.edu.cn

排　　版：广州尚文数码科技有限公司
印　　刷：深圳市新联美术印刷有限公司

开　　本：890mm×1240mm　1/32
印　　张：4.25
字　　数：135 千
版　　次：2015 年 12 月第 1 版
印　　次：2015 年 12 月第 1 次

定　　价：18.00 元

（暨大版图书如有印装质量问题，请与出版社总编室联系调换）

序　言

　　人生世事难料，机遇人前均等。想未曾想，梦未曾梦，可现实就这么简单、自然、实在。有些事，看起来唾手可得，一伸手，却如水中捞月；有些事，可望而不可即，只能远观而不能亵玩；有些事，接触少，甚至闻所未闻，它却不经意间降临在你的跟前，系上机缘，如影相随，让你受益颇多。

　　未曾拥有的，执着追求；把持拥有的，弥足珍贵；失去拥有的，倍感遗憾。

　　时光荏苒，岁月如梭。虽然真正从事高等职业教育工作仅有两年零一个月时间，在人生的阅历中算是短暂瞬间，但它却让我在这七百多天的高等职业教育管理工作中，感悟良久，受益匪浅。更重要的是，它让我的专业知识水平得到提高，个人能力逐渐增强，师生友谊得以加深；同时，它也让我在工作中享受收获成功时的快乐，拥有与师生同事相处时无拘无束的幸福。

　　中国近代教育家黄炎培先生曾经说过："凡教育皆含职业之意味。盖教育云者，固授人以常识、技能而使之能生存于世界也。"作为高等院校曾经的一分子、一所地方性高职院校的副职领导，我因自己能为百色经济社会发展培养高素质技术技能型人才，能为建设好"五个"百色而置身其中，倾注自己的心血，奉献个人的绵薄之力而深感自豪和荣幸。

　　2013 年 1 月，我通过公选，从隆林各族自治县人力资源和社会保障局调任中共百色职业学院党委委员、副院长一职，协助院长分管百色职业学院安全与维稳、职业技能培训与成人教育、学生政治思想及联系电气工程系工作。

　　学习提高知识，实践增长才智。2012 年 10 月 22 日至 2015 年 1 月 30 日，中共百色市委组织部选派 60 名处级和科级领导到广州挂职学习，我荣幸地成为其中一员，挂任广州城市职业学院学生工作部（处）副部长一职。

　　为了总结这段时间的任职经验，我把各个时期写的文章汇集成册。全书共 42 篇文章，跨越两个时间段：一是 2013 年 1 月至 2014 年 10 月在百色职业学院工作期间，多数篇目涉及高等职业教育管理当中的工作经历和办学过程中形成的理念；二是 2014 年 10 月至 2015 年 1 月底在广州城市职业学院挂职期间（第五编），主要是在广州挂职学习时的一些见闻、心得及调研方面的理论文章，这些文章都与高等职业教育密切相关。

　　虽然今日汇集成册出书，但由于本人接触高等职业教育的时间不长，专业知识水平有限，加上时间仓促，书中定有错漏之处，敬请大家批评指正。

黄　凯

2015 年 8 月

笔者与妻子何展红（右一）、女儿黄麟雅（中）在一起

目录

第一编

安全法制教育

百色职业学院安全保卫工作的
实践与探索

2013 年 3 月

　　高校是为国家培养高素质人才的重要基地。做好高校的安全保卫工作，为广大师生创造良好的教学、科研和生活环境，不仅关系到广大师生的人身财产安全，而且关系到高校和社会的稳定。近年来，百色职业学院高度重视学院的安全保卫工作，紧紧抓住"稳定、安全、和谐、发展"的主题，积极探索，不断创新，采取科学有效的措施解决学院安全保卫工作中的各种问题，使学院周边治安管控秩序良好。学院内部保卫力量不断加大，技防物防设施不断完善，内部安全管理水平逐渐提升，受到社会的一致好评。2010 年以来，学院连续 3 年被自治区综治委办公室、区高校工作委员会、区教育厅授予"全区高等学校安全文明校园"称号；先后 6 次被百色市综治委、右江区综治委评为"平安单位""社会治安综合治理目标管理先进单位"。

一、采取多种宣传形式，提高师生安全意识

　　平时，学院注重对学生和教职员工的安全防范宣传教育，利用全院师生大会、员工大会、班主任会，以及墙报、板报、橱窗、录像、广播、网络媒体、专家讲座等形式，进行法制、消防、安全、国防、禁毒等法制安全知识的宣传教育。如规定每学期的第一周为"安全教育强化周"，各班级认真组织学生学习安全常识、安全管理规章制度等，学生处、班主任上好安全教育第一课。结合实际，认真开展"热爱伟大祖国，建设美好百色"主题教育活动；邀请交警部门、消防部门、人

大法工委领导及法制副校长开展法制教育讲座；举办以"崇尚科学，反对邪教"为主题的图片展；凡在法定节假日、寒暑假和重大活动之前，学院更加重视对学生在交通、游泳、卫生、防火、防盗等方面的安全教育。这些活动进一步提高了学生的法律知识水平，极大地增强了学生遵纪守法和安全防范的意识。

二、狠抓内部管理，维护校园治安

因校园地处右江区城乡接合部，围墙不全，故学院狠抓突发事件应急处置办法，强化应急小分队职责，提高快速反应能力，加强校园的值班、巡逻工作；分片、分区管理，进行全天24小时查岗、查哨，督促检查校卫队员执勤。对学院重点场所进行昼夜监控，落实物防、技防措施，安装防盗门窗、报警器、摄像头等。对运出校园的学院物资，进行清查、登记，坚持每晚清查每栋教学大楼，确保学生安全。门卫严格执行学院会客制度，对个别学生无正当理由混出校园及社会闲杂人员混入校园等现象，给予教育劝阻；对学院建筑工地民工、后勤临时工、教职工聘请的保姆、租住教职工住房的外来人员等进行摸底、清查，登记造册，统一办证挂牌上岗；对进入校园的外来人员实行来访登记，确保良好的校园治安秩序（仅2012年，学院保卫处共抓获小偷3人，且都遣送派出所处理）。同时，每个学期，学院相关部门会积极配合学工处，做好学生思想教育工作，把矛盾化解在萌芽中，对违纪的学生进行批评、教育，使其知道自己违纪的危害性，改掉恶习，端正学习态度，过后学院还会跟踪谈话帮扶。

三、拉网排查筛选，消除安全隐患

工作中，学院注重"预防为主，防消结合"，建立健全消防安全规章制度，明确治安、防火责任人职责，调整并充实学院综合治理领导小组成员，坚持"谁主管，谁负责"的原则，一级抓一级，层层抓落实，做到责任明确、制度落实、奖惩分明。经常对全院消防状况进行调查摸底，每学期院分管领导亲自带领由保卫处、学工处、总务处及各系防火责任人组成的安全防火检查小组，对教学楼、图书馆、学生宿舍、教职工住宅区、校园各施工工地等进行拉网排查，对存在消防、安全隐患的地方逐一登记造册并发出通知限期整改；对损坏的消防器材，进行维修、更新；教学楼、宿舍各楼层均贴有安全疏散示意图，各专用教室和学院过道都配置了灭火器，学校的消防栓和灭火器数量完全达到规定要求；学院还成立了义务消防队，请百色市消防部门领导到学院为师生进行消防知识讲解。如每年3月、9月都在学院举行"平安校园、你我同责"消防疏散演练观摩会，开展安全预防演练，特别是逃生演练，每学期都要进行多次实际演练。教师和学生必须明确要求与路线，分工负责，责任到人，确保演练取得成效，提高学生的自我救护能力。

四、关注校园周边治安，加强综合整治

针对学院内多处比较杂乱的地段，尤其是学院后门（当地老百姓利用自家地乱搭、乱建、乱摆卖等现象突出），学院积极配合卫生、公安部门大力对校园及周边摆摊设点、违规占道的小商小贩，进行全面清理和规范；对校内餐厅、商店以及学校周边饮食店，展开以消防安全和食品卫生安全为重点的专项检查，确保学生的人身安全及饮食卫生；整治校园及周边地区的交通秩序，重点向学生普及交通安全知识，利用校园广播、班会、请交警部门领导到学院开展讲座等形式，让学生掌握最基本的交通安全知识；对进入校园接送学生的车辆进行严格审查，由专人检查并记录；认真开展"讲文明、关爱生命、文明劝导"活动；针对学院安全工作中存在的薄弱环节，组织人员重点排查、随时跟踪、加强管理，确保校园无安全责任事故，从而取得了比较明显的效果。同时，充分发挥学院学生处、团委、保卫处等部门的职能作用，并配合公安部门开展工作，比如，仅2012年就出动警力30多人次，对校园周边的网吧、酒吧、桌球室等娱乐场所进行清理、整顿；每年的5—10月，学院每日安排保卫处人员到澄碧河边巡逻，防止学生私自下河游泳；每月组织一次收缴管制刀具、大功率电器活动，有效预防安全事故，为师生的安全起到了保驾护航的作用。

五、检查督导，强化落实

　　学院高度重视安全工作，一直把安全工作放在首位。每个学期，分管安全保卫的学院领导都会听取保卫处的工作汇报，并亲自部署，深入一线调研，提出具体的工作任务并采取措施，加强检查指导，强化责任落实；学院每学期都要与餐厅、商店，各处室、年级、班级层层签订相应的安全目标责任书，严格执行责任制，做到各尽其职、各负其责、密切配合、互相协调。同时，经常利用教职员工大会强调学院安全工作的重要性，传达和贯彻上级综合治理工作有关会议和通知的精神，要求相关部门及班主任加强监督检查，发现问题应及时解决，做到警钟长鸣、常抓不懈、防患于未然，有力地提高学院的应急防范能力，保证学院教学、生活秩序的正常运行；对安全保卫工作的薄弱环节，及时调整、加强防范，确保学院的稳定和谐；另外，为提高自身业务水平，学院安全保卫处领导经常组织党员干部学习政治理论和业务知识，一起讨论、相互提醒、相互督促、相互借鉴，共同做好安保工作。

　　（本文原载于《百色科学发展谈》，2013年第21期）

安全第一　生命至上

2013 年 5 月 26 日

为创建安全文明校园，提高广大同学的安全文明意识和法制观念，维护广大师生正常的学习、生活秩序，营造安全、文明、和谐的校园氛围，根据教育部《关于加强学校校园安全稳定工作的通知》及区教育厅《关于开展"安全教育月"活动的通知》文件精神，结合学院实际，自 2013 年 3 月 20 日起，学院开展以"安全装心中，文明伴我行"为主题的"安全文明教育月"活动。目前这项活动已圆满结束，现就本次活动总结如下。

一、活动月取得初步成效

1. 健全机构

成立以覃玉林书记、廖和章院长为组长，分管副职为副组长，相关职能部门、系部领导为成员的"安全文明教育月"活动领导小组，制订安全文明教育月活动方案；3 月 20 日召开"安全文明教育月"启动大会，举行"安全装心中，文明伴我行"全校学生签名活动。启动大会上，学院分管领导强调开展"安全文明教育月"活动的重要性和必要性，指出学院学生安全管理工作以及学生文明行为规范方面存在的问题，对全院开展活动提出明确要求。为了更好地开展工作，活动领导小组下设管理办公室，对方案的实施计划及具体项目给予指导和督促检查。各职能部门、各系部明确责任，认真组织，有计划、有步骤、保质保量完成。整个活动形成了党委总揽全局、各有关部门统一协调、全院学生积极参与的工作格局，形成了安全教育管理工作群防

群治、文明行为齐抓共管的工作合力。

2. 加强宣传

学工处、保卫处、宣传部、团委、各系部等通过学生大会、晨会、主题班会、广播、横幅、展板等方式广泛宣传安全知识，灌输文明意识。期间，召开中职学生大会3次，每个班开展主题班会至少2场，广播宣传16次。完善各项安全预案和安全防范措施，把安全稳定工作作为学院重要的常规工作来抓，务求实效，不留死角，做到安全教育深入人心。

3. 排查隐患

一是进行安全检查。保卫处会同学工处以及相关部门对各教室、学生宿舍、实验室、食堂、商店及校园周边等要害场所进行安全检查，特别是对各楼层的消防器材、电线等进行排查，旨在发现问题，及时整改。严查部分学生使用违规电器行为，总务处对学生食堂、商店进行饮食安全检查，确保了食堂、商店的饮食卫生安全。

二是收缴刀具。针对中职生宿舍，共开展了四次收缴管制刀具、危险品等活动；对工业校区1号、2号宿舍楼和机电校区7号公寓楼进行检查，出动142人次，收缴刀具、木棒、大功率电器等12件。通过严格排查，杜绝了校园安全隐患的发生。

三是开展宿舍评比活动。学工处和各系开展文明宿舍、文明教室评比活动，对教室、学生公寓、学生宿舍进行不定期检查，严格查处夜不归宿行为和脏乱差等现象。保卫处、学工处协同有关部门，采取有力措施，加强安全防范，最大限度地降低事故发生率，保障学校正常的教育教学秩序和师生人身财产安全。

4. 形式多样

保卫处、学工处召集工业校区1号、2号宿舍楼和机电校区7号公寓楼的学生开展逃生疏散演练活动，参演学生达750人。通过开展此次活动，使学生们学到安全防护知识，达到有事不慌、处变不惊、积极应对、自我保护的目的，提高抗击突发事件的应变能力；增强学生的安全危机意识、消防安全意识，提升学生的逃生自救能力，也进一步提高学院突发安全事件应急指挥领导小组的快速反应能力。

（1）开展各种竞赛。院团委组织开展以"安全、文明、法制"为主题的投稿活动；举办"安全随行　平安相伴"的主题手抄报比赛，经评比，此次主题手抄报比赛共21人获奖；中职办公室举办安全文明知识竞赛，参加人数达420人；广播站开展"安全文明教育"主题广播活动，利用中午和下午的校园广播时间加大宣传。

（2）举办影视展。学工处会同各系部组织举办以安全、文明、法制为题材的影视展，通过真实案例向学生讲述在日常生活中威胁我们人身安全的隐患，促使学生提高警惕，加强自我安全防范意识。通过直观的模拟逃生演练视频，向学生宣传在遇到火灾、溺水、自然灾害、交通事故等危险时如何逃生的知识，扩大学生安全知识面，学以致用。

（3）法制专题讲座进校园。保卫处、学工处聘请法制副院长到校进行法制知识专题讲座，近600名师生接受教育。通过举办讲座，师生们了解了有关的法律知识，增强了法制观念，知道如何遵纪守法，什么该做，什么不该做，知道如何运用法律武器来保护自己。

此次"安全文明教育月"活动，学院领导亲自抓，保证了各项活动的落实；各职能部门和相关系部跟进突出问题，增强了活动的针对性和实效性；活动内容丰富，学生受益面广。

二、不足之处

活动氛围不够浓厚，宣传力度有待加强；针对宿舍开展的安全大检查覆盖面还不够广、不够全面；安全逃生疏散演练没有全方位开展，中职生宿舍楼建设不够多，高职生公寓楼却较多；学生中未经请假外出、不按时返校、喝酒、打架斗殴、晚归、夜不归宿、贵重财物丢失等情况时有发生；学生的卫生意识有待提高，部分宿舍、教室卫生状况较差，部分学生乱丢垃圾的现象严重；晚上休息时间学生大声吵闹、开大音响、猜码、打牌等影响他人休息的情况时有发生。

究其原因，一是安全教育活动涉及面窄，真正能深层次解决学生问题的不多；二是管理人员、辅导员、班主任未能第一时间深入学生班级、宿舍了解情况，解决问题的方法少、力度还不够；三是未完善学生危机预警机制，对于问题学生、边缘学生、特殊学生的教育管理工作还做得不到位；四是一部分同学安全意识不强，防范能力较弱，法制观念淡薄，文明意识、道德观念较差，对教育管理工作造成一定的难度。

三、下一步工作整改思路

学生安全文明教育管理工作，不是靠一两个月的时间就能解决的，靠的是常抓不懈，工作常态化。

1．必须强化"一把手"的总责作用

建立和完善校园安全稳定的责任体系，从校领导到各个系部要及时分析和查找因教育不到位、管理不到位、学生认识不到位、设备设施不到位而存在的安全隐患，需做到早发现、早整改。

2．必须加强学校日常安全管理

进一步加强学校大型活动、消防安全、外来流动人员管理、公寓秩序、门卫管理、网络信息建设与安全管理等各项日常安全管理；做好安全管理工作的日常检查、登记和处置，加强信息员队伍建设，认真做好信息沟通和反馈，把各项安全措施落到实处。

3．必须服务好学生

投入更多的精力，深入同学们当中，了解情况、解决问题。比如作为辅导员、班主任，应经常去班级、宿舍与学生谈心；应了解学生在学习、生活、心理、交友、择业等方面的困惑，并与班团干部进行思想交流。班级管理事宜，直接关系到整个班集体的凝聚力问题，因此，做学生工作时，不能走形式，而应解决实际问题。

4．必须建立科学工作机制

一是建立与家长定期沟通机制，发挥好家长参与教育管理工作的作用；二是建立工作检查和落实机制，把各项工作职责和责任制落实到位；三是执行学生危机预警机制，对可能造成安全问题的情况及时作出预警报告，进而及时采取干预措施；四是建立良性联动机制，做好上情下达和下情上报工作，及时进行统筹协调和信息沟通，以有效提高应急处置能力。

5．必须加强监督检查

学工处、保卫处、宣传部、团委、总务处，要加大检查力度，发现问题立即限期整改。

6. 必须发挥学院警务室作用

在校园及周边治安管理中，形成集人防、物防、技防于一体的校园安全防控体系。

7. 必须下大力气提高学生安全防范能力

除了通过经常性的教育活动使学生掌握安全防范的方法外，还要通过加强班风、校风建设，提高学生的安全防范意识，减少安全隐患。

8. 必须遵守学校各项规章制度

学生要自觉用制度规范自己的行为，以对国家、对亲人、对学校、对自己负责任的态度，重视安全防范，遵纪守法，争当维护校园安全稳定的模范。

习近平总书记曾告诫我们要"始终把人民生命安全放在首位"。学校的安全问题关系到千家万户的幸福，关系到广大师生的根本利益，关系到社会的稳定，所以我们要克服麻痹心理，忌厌烦情绪，切实提高学生的安全防范意识和能力，为学生的成长成才和校园安全稳定作出新的努力。

（本文为笔者在百色职业学院 2012—2013 学年度"安全文明教育月"活动小结会上的讲话）

遵纪守法　杜绝犯罪

2013 年 5 月 29 日

　　今天下午，我们在这里举行法制知识讲座，目的是让同学们多了解一些法律知识，增强法制观念，减少违纪、违法犯罪行为，努力做一个遵纪守法的好学生、新时代的好青年。

　　今天，很荣幸地邀请到百色市右江区检察院林华庆检察长给大家做法制知识教育讲座。林检察长现任右江区人民检察院党组副书记、副检察长、检察委员会委员、四级高级检察官。自 1991 年起，林检察长在右江区人民检察院工作，先后任公诉科科长、反贪局局长，现分管反渎职侵权局、反贪污贿赂局、检察技术科和院党总支部工作。林检察长参加工作多年，既有丰富的工作实践经验，又有较高的法律专业理论水平，可以说在这方面，其理论建树高，造诣深，是专家，是学者，更是权威。近年来，林检察长经常被邀请到各单位讲课，深受大家的认可、喜爱和称赞。我相信，在今天的课上，林检察长将给同学们带来不少法制方面的知识，请大家认真听，做好笔记。下面，让我们用热烈的掌声请林检察长讲课。

　　（讲课结束后）

　　感谢林检察长的精彩讲课。林检察长的课通俗易懂，理论联系实践。相信这一堂课，同学们会有不同程度的收获，将会使你在今后的学习、生活、工作中得到启迪、开拓思维，使你受益终生。我建议，让我们再次用热烈的掌声对林检察长表示感谢。亲爱的同学们，时光飞逝，本学期还有一个多月就要放假了，为此，我就这段时间的工作提一些要求：请同学们平时一定要继续遵守学院的各项规章制度，不要私自下河游泳，不得无故离校到外面游玩，遵守作息时间，不影响他人学习、生活、工作和休息；在教室、宿舍、食堂及其他公共场所，不大声喧哗、吵闹；做到不迟到、不早退、不旷课，不携带管制刀具等器械到校。法国作家雨果曾说过"亲善产生幸福，文明带来和谐"，请大家遵纪守法，不打架斗殴，不参加各种违法犯罪活动，讲文明，讲卫生，不随地吐痰，不乱扔垃圾，牢记"美丽广西，清洁百职"的理念，尊敬师长，崇尚礼仪；同学之间，讲缘分，讲友爱，互相谦让，互相提醒，互相团结；遇到困难，互相帮助，共同提高，共同进步；请同学们丢掉不切实际的幻想，摒弃烦恼，忘记悲伤，振作精神，憧憬未来，怀中国梦，怀自己绚烂的人生梦，让我们携手共同编织、创造百色职业学院美好的未来之梦！

（本文为笔者在百色职业学院 2013 年春季学期法制知识讲座上的讲话）

安全记心中　文明伴我行

2013 年 6 月 6 日

　　根据教育部、区教育厅有关文件精神，结合百色职业学院的实际情况，从本学期 3 月 20 日起，我们开展了以"安全装心中，文明伴我行"为主题的"安全文明教育月"活动。活动开展以来，在学院党委的领导下，全院师生共同努力，取得了阶段性成效，广大学生的法制知识水平得到提高，安全文明意识得到增强，日常行为规范日渐养成，涌现了一批先进班集体和先进个人。

一、健全机构，各司其职

　　学院成立了以覃玉林书记、廖和章院长为组长，分管领导为副组长，相关职能部门、系部领导为成员的活动领导小组，制订活动方案，3 月 20 日举行启动仪式，并举行"安全装心中，文明伴我行"的学生签名活动。启动仪式上，学院分管领导作了强调，提出明确要求。活动领导小组下设管理办公室进行全程指导、检查、督促。各有关部门明确责任，细化落实，齐抓共管，形成合力。

二、正面宣传，全员参与

　　学工处、保卫处、宣传部、团委、各系部等通过学生大会、晨会、主题班会、广播、横幅、展板、文艺演出等方式，广泛宣传安全知识，提高学生的安全文明意识。先后 3 次召开中职学生大会，每个班开展 2 场以上主题班会，广播宣传 16 次，使安全教育深入人心。同时，完善安全预案，落实安全防范措施。

三、拉网排查，杜绝源头

保卫处、学工处等部门对校园周边及重点场所进行安全拉网大排查，特别是对各楼层的消防器材、电线等进行了细致排查，旨在发现问题，及时整改；总务处对学生食堂、商店进行饮食安全检查，确保饮食卫生安全。先后出动4次共142人检查学生宿舍、公寓楼，收缴刀具、木棒、大功率电器等12件，有效杜绝校园安全隐患。

四、形式多样，扎实推进

重点对工业校区1号、2号宿舍楼和机电校区7号公寓楼的学生进行逃生疏散演练，参演学生达750人，活动提升了学生的逃生自救能力，提高了学院对突发安全事件快速反应的能力；院团委组织开展以"安全、文明、法制"为主题的投稿活动，17名学生参加投稿；开展"安全随行 平安相伴"主题手抄报比赛，21名学生获奖；开展全院性班级"中国梦，青春情"大型歌咏比赛，2 000多名学生参与其中；中职办举办安全文明知识竞赛，参加人数达420人；广播站利用中午、下午的校园广播时间开展"安全文明教育"主题广播，宣传力度大、受众面广；保卫处、学工处邀请校外法制副院长到校进行法制知识专题讲座，近600名师生进行学习。以上活动的开展，增强了学生的安全文明意识、自我保护意识，提高了学生的安全防范能力，营造了安全、文明、和谐、健康向上的校园环境。

此次活动，我们也发现一些不足，如：宣传氛围不够浓厚；开展安全大检查覆盖面不够广；安全逃生疏散演练未能全方位展开；一些学生未经请假外出，不按时返校、喝酒、打架斗殴、晚归、夜不归宿、贵重财物丢失等现象时有发生；卫生意识有待提高，部分宿舍、教室卫生状况较差，乱丢垃圾的现象严重；个别学生在休息时间大声吵闹、打牌等影响他人休息的情况时有发生。这些都需要我们在今后的学习、生活、工作中改正，共同提高，共同进步。

（本文为笔者在百色市"安全文明教育月"活动总结会上的讲话）

安全是永恒的主题

2013 年 9 月 6 日

近年来，在百色市安全生产监督管理局的正确领导下，百色职业学院高度重视安全生产培训工作，精心组织，狠抓落实，严把质量关，扎实开展培训工作，取得了良好的效果。百色职业学院是经自治区人民政府批准，由百色市人民政府主办、建设和管理的一所公办全日制高等职业院校，目前在校教职工 237 人，开设有 25 个专业，16 个实践基地，42 个实验室。2010 年 3 月通过自治区安监局组织机构的复审，成为一所具备电工、焊工及百色市安全资格培训资质的三级公办安全培训机构。

我们的主要做法如下：

一是领导高度重视，健全培训机构。在上级部门正确领导和具体指导下，学院牢固树立"发展第一要务，安全第一责任"的理念，在思想上高度重视，在行动上狠抓落实；成立以院党委书记、院长为组长，副职为副组长，技能培训与成人教育中心等单位为具体实施部门的安全生产培训领导小组，抽调精干的专、兼职培训教师和工作人员45 人具体负责此项工作；明确工作任务，狠抓落实，确保安全培训工作稳步推进。

二是挖掘优质资源，保证培训质量。培训工作中，学院不断创新培训体系，多管齐下抓落实，强化教育培训过程管理，从规范管理入手，建章立制，依程序办事，严格按照培训考核大纲要求制订教学计划，组织好每一期培训班；选好培训教师，根据不同企业安全培训的实际需要，学院挑选出学历高、实践经验丰富的 23 位专、兼职教师担任培训班老师；在确定开展培训工种后，严格按照国家安全生产监督管理总局发布的各工种培训大纲，执行考核办法；在教材选用上，选用国家安全生产监督管理总局职业安全技术培训中心的统编教材；教师做好培训前的各项准备工作，保证培训学员学有所获；规范培训内容，紧扣大纲，侧重对安全法规、专业技术、职业病防治、人体急救和实际操作技能等方面的内容进行教学。同时，结合不同类型、不同层次的岗位特点和培训需求，更新培训内容；注重理论与实践教学相结合，如电工作业，整个教学过程都要求在电工、电子实训车间来完成，教学过程直观、操作性强，学员能在规定时间内学到专业基础知识，掌握安全技能。

三是多方筹措资金，完善硬件设施。近几年来，学院在原有的基础上，加大对安全培训实验实训场地及设备的投入，累计投入200多万元。设立安全教育室，配置安全挂图等各类警示图，购置安全影像资料、安全工具、人体急救模型等材料；增设电工实训室3间，可容纳50个工位，完成室内线路安装及电控线路安装；增设多媒体教室2间，完成焊接与切割车间的改造和扩建工程。

四是加强师资队伍建设，不断提高业务素质。近几年来，学院有计划地完善应聘方式，增加专业教师人员，满足教学培训要求，先后派出23名教师到南宁、北海等地参加进修培训。一批教师取得了研究生学历，获得了安全培训教师资格证书。

五是狠抓学员档案管理，力求建档管理规范。培训档案管理工作是安全培训工作的一个重要环节，在培训过程中，注意收集好学员的办证资格审查表、身份证复印件、学籍档案等材料，分期管理，注重档案管理规范。

安全是永恒的主题。培训是安全生产的一项重要的基础性工作。近年来，百色职业学院在这方面虽然进行了一些尝试，做了一些工作，取得了一定的成绩，但离上级领导的要求还有差距。我们将以这次会议为契机，在市安监局的具体指导下，进一步总结经验，加强部门合作，把培训工作推上新的台阶。谢谢！

（本文为笔者在百色市安全培训工作会上的讲话）

发扬成绩　创新提高
扎实推进学院安全文明校园创建活动

2013 年 10 月 28 日

　　学校的安全和稳定事关全体师生的生命和财产安全，事关学校和社会的稳定和发展。2013 年，学院在上级党委、政府以及综治委的关心和指导下，认真贯彻和落实《中央综治委、教育部、公安部关于深入开展安全文明校园创建活动的意见》和自治区综治办、自治区高校工委、教育厅关于加强安全文明校园建设的系列文件精神，在连续三年荣获全区高等学校安全文明校园称号的基础上，把安全文明校园建设列为深入学习和践行科学发展观活动和建设中国梦的重要内容，按照"总结经验、发扬成绩、认真整改、巩固成果、创新提高"的工作思路，坚持以人为本，扎实开展学院安全文明校园创建活动，为广大学生和教职员工提供了良好的教育教学工作、生活环境，形成了安全稳定、文明卫生、持续和谐的良好局面，现将学院 2013 年创建安全文明校园自评情况报告如下。

一、加强领导、完善制度、健全体制，推动校园安全文明创建工作有序开展

（一）加强安全文明校园创建工作

1. 机构健全，部门专抓

2013 年 2 月 25 日，学院印发《关于进一步加强校园安全稳定管理工作的规定》（百职院委〔2013〕3 号），成立了由党委书记、院长为

组长，副职领导为副组长，有关部门负责人为成员的学院安全稳定管理工作领导小组，负责校园安全稳定工作，协调解决工作中遇到的问题；领导小组下设办公室，负责处理校园安全稳定工作的具体事务和督查工作，由分管副书记和副院长分别兼任办公室正、副主任；加强组织领导，为安全文明校园创建活动提供强有力的组织保证。

2. 定期部署，扎实推进

学院党委、行政部门把创建安全文明校园纳入年度工作计划中，并作为重要议事日程来抓。根据安全文明校园创建活动的内容和要求，结合学院实际，开展"安全管理年"活动。2013 年 3 月 11 日，印发了《百色职业学院 2013 年工作计划要点》的通知，继续开展"校园安全管理建设年"活动，3 月 20 日组织全体学生和教职员工举行以"安全装心中，文明伴我行"为主题的"安全文明教育月"活动启动仪式，3 月 22 日召开全体职工动员大会，为高标准做好安全文明校园工作进行动员和部署，把安全文明校园工作列为学院党委每月重点推进的工作；坚持每学期定期或不定期召开安全文明校园建设专题党政联席工作会议，分析研究学院安全文明形势，对可能存在的安全隐患做好应急预案，及时提出整改工作方案和要求。

3. 明确责任，层层落实

学院与各部门签订《百色职业学院 2013 年安全稳定工作目标管理责任状》，要求各处（室）和下属相关部门及人员、各系与辅导员（班主任）层层签订责任状，形成"主要领导亲自抓、分管领导具体抓、各部门负责人直接抓"的格局，做到齐抓共管、层层落实。责任状明确规定责任追究制，把安全稳定工作作为考评各处室、系部，每位教职工和班级的重要条件；在年度考核和评优时，实行安全责任事故一票否决制，从而增强了全体师生的安全责任感，形成了创建工作的合力。

（二）建立健全安全文明工作制度

1. 完善管理制度

学院在校门、教室、实验室、宿舍、食堂、办公楼等重要场所原管理制度的基础上，2013 年陆续出台了《关于实行中职班主任专职化的暂行规定》《百色职业学院中职学生违纪处分条例（修订版）》《百色职业学院高职辅导员、中职班主任大循环轮岗实施办法》《百色职业学院关于加强班主任、辅导员考勤奖罚的暂行规定》《百色职业学院实验（训）室管理员工作职责》等一系列规章制度，不断完善学院的管理制度体系。

2. 建立健全台账制

建立并实施项目工作台账制，做到创建活动有计划、有实施方案、有督查指导、有实施记载，创建工作各类文件资料及时立卷、归档，并按二级指标分类建档。

（三）使安全文明校园工作有保障

1. 配备齐全

学院设有保卫处，保卫干部6人，聘请门卫、保安17名。保卫处办公室配有2台电脑，1台打印机，1部值班电话，办公桌椅、书柜、电脑桌等，办公配套设施齐全。

2. 经费保障

学院保证技防、消防有经费投入，配有新警用摩托车2辆、对讲机10部、警棍10根；校内重点场所安装实时监控摄像探头，实现24小时监控；教学楼、实训楼、学生宿舍楼、室内体育馆、食堂等人群密集场所都安装了消防设施，配有灭火器。

二、做好各种重要设施的安全管理，消除安全隐患

（一）做好饮食卫生安全管理

学院领导高度重视食堂食品卫生工作。学院食堂自营，并由总务处负责管理，由分管院领导亲自挂帅，定期与不定期地对学院的饮食卫生进行综合检查；建立健全卫生管理制度，严格执行经营场所持有有效卫生许可证经营制、食品原料定点采购及索证制，每批食品实行留样备检制；定期对食堂采购人员、炊事员和保管员等从业人员进行体检和培训，严格执行持有效健康证、卫生知识培训合格证上岗制；对食品生产、加工、经营场所实行日清日洁，确保其环境清洁卫生；重点把好"三关"，即食品采购关、保鲜保洁关、严格保管关，确保腐

生安全。

（二）做好交通安全管理

在校内斜坡、拐弯路段设置警示标志、减速带和限速标志，校园内交通规划合理、标识完备；为加强校内车辆停放管理，出台《关于规范校园内车辆停放的通知》，规定指定车位，使校园车辆停放有序；学院印发《关于学院公务用车管理的补充规定》，完善公务用车管理制度，校车由学院办公室管理，定期对校车进行检查，驾驶员资格定期年检，保证行车的安全。针对学院地处坡顶，通往市区的后门小路路面狭窄、坡陡、弯急，存在严重交通安全隐患的实际情况，严格执行学院后门只允许职工步行，严禁学生和车辆通行，学生和车辆只允许通过前门大道进校等措施。

（三）做好消防安全工作

学院严格按照消防法规和制度，在学生宿舍区、教学楼、办公楼、实验室、食堂和人员密集场所等区域配备防火设备，在通道和相关部位安装指示灯，张贴指示牌，配备应急灯，并定期检查，确保其完好有效。合理改造线路，增加供电设备容量，确保其能正常安全供电。开展师生消防知识教育，提高师生消防安全意识；严禁师生乱拉乱接电线，不定期组织有关人员深入学生宿舍检查可能存在的违规使用电器现象，一旦发现严厉查处。

（四）做好设备设施和危险品安全管理

学院配电房、教室、宿舍、体育运动场及各种实验实习场所等设备设施由专人负责，实行定期维护和维修；教学实验室的易燃易爆危险品管理规范，实行"三铁""双人双锁"管理；校车用的汽油、柴油等易燃易爆品在实物上采用校外管理的方法，以确保校园的安全。

三、抓住重点、加强防范，防患于未然

（一）抓好重点区域和重点时间段的防范工作

门卫 24 小时值班，来访人员出入登记，学生凭证件（校牌、学生

证、批条等）进出校门；在上下班、学生进出校门高峰期，另安排保卫干部到校门值班；对部分围墙加高，必要时安装防盗网；对有安全隐患的过道、走廊加装防护栏；在学生宿舍、实训楼、计算机实训中心、办公楼、前后校门等重点场所安装监控摄像头；保安队员24小时值班和巡逻；每栋学生宿舍都安排有3名管理人员轮流24小时值班；周一至周五安排晚自习，有教师进班辅导；安排班主任在7：20—7：50、11：50—12：50、14：30—14：50、16：30—19：50、20：55—23：20等时段到中职学生宿舍进行巡查；辅导员（班主任）每周查夜至少一次；节假日和全国、全区敏感时期另安排院领导和中层领导值班。

（二）抓好多发、易发事故的防范工作

一是严禁学生私自下河游泳，杜绝溺水死亡事故。各系利用每周一早晨升国旗后的讲评时间，反复强调学院严禁学生私自下河游泳的有关规定，并安排保卫人员和辅导员（班主任）不定期到学院附近的河边巡查，一旦发现违规学生立即给予退学处理。二是每月至少开展一次收缴学生私藏管制刀具、查处违规使用高功率电器的活动。从严处理翻越围墙外出、打架斗殴、敲诈勒索等违纪行为，定期检查学校的防雷系统、消防设施、交通设施和用电设施，并尽力整改，消除安全隐患。三是每学期至少开展一次全校性的安全大检查，对全校进行拉网式大排查，发现安全隐患立即整改，不能立即整改的则限期整改。

（三）抓好重点群体防范工作

1. 加强人文关怀

对组织纪律比较差的学生，由学生工作处和辅导员（班主任）进行跟踪教育和管理，开展帮教活动，定期找他们谈心，并和家长保持联系，共同对其做好思想工作，同时给予相应的纪律处分。

2. 成立学生心理健康咨询中心

对心理有问题的学生进行心理疏导，对心理问题比较严重、有异常行为的学生，则劝其休学，由家长带回治疗。

3. 严格落实国家有关资助政策

帮助贫困生办理生源地助学贷款，发放国家助学金、扶贫助学金，并通过安排校内勤工俭学岗位等方式给予帮助，解决这些学生的后顾之忧，使他们安心学习。

4. 做好学生实训实习、外出参加各种活动的安全教育管理

对在校内进行实训的学生，开始前由系领导、技能培训中心领导和科任教师集中，进行安全教育，过程由实训指导教师负责监控，由辅导员（班主任）定期检查；对外出进行毕业实习的学生，由学院分管领导、学生工作处、招生就业处和系领导在外出前及时集中，进行安全教育，签订安全责任书；集中实习的学院派 1～2 名教师跟班管理，分散实习的则由系领导、辅导员（班主任）定期抽查。每次组织学生在校内外开展大型活动，由组织单位事先提出安全预案，只有报学院分管领导批准后才能开展。

5. 做好流动人口管理

由保卫处负责建立校园外来暂住人口登记册，严格按规定办理流动人口暂住手续，并经常查访暂住人口，按校纪校规对其实行严格管理；对来校参加培训的外来人员，由技能培训部门与成教中心安排班主任，按照学院学生的要求进行管理、教育和监控。同时，学院严禁学生在校内和学校附近租房。

四、加强多方监控，维护校园稳定

（一）防范"三股"势力及邪教组织的渗透破坏

学院安全保卫工作由书记、院长主管，分管领导分管，宣传部、保卫处、学工处具体负责，其他部门配合。防范境内外敌对势力、非法宗教势力、民族分裂势力及"法轮功"等邪教组织在校园内进行渗透破坏活动。严格执行外请专家学者到校开展讲座或交流活动的审查审批制度，任何单位或个人在校内举办哲学社会科学学术性活动和社会公益性活动，都必须经过党办审查报院党委批准。严格执行社团活动、集会、文化活动管理机制，严格审批制度和信息反馈制度；禁止举办违背政治文明、精神文明的各类活动，严防非法宣传品进入校园，有效防范各类邪恶势力对校园的渗透和破坏。同时，学院还在强化宣传教育、落实工作责任制和失职追究制上下功夫，有效封堵"法轮功"

等邪教组织的渗透和破坏，确保学生和教职员工无一人参与"法轮功"等邪教组织活动。

（二）重视保密工作

健全学院安全保密工作领导小组，进一步完善保密工作规章制度，配齐机要室设备，做到密件存放场所有"三铁"，确定专人管理机要档案；各部门确定专职或兼职保密员，严格执行保密规定，认真落实保密工作岗位职责，使保密室达到建设标准，使密件按规定管理，无失密、泄密事件发生。

（三）强化校园舆论管理

学院继续实行《百色职业学院教师课堂教学"十不准"》，并有督查制度，不准教师在课堂上散布世俗思想、传播邪教及与党和国家的方针政策、与学院发展相违背的思想言论。学院网站、对外宣传由学院宣传部管理，校园广播、校内出版物由团委管理。由专人负责监控校园网络的安全运行情况，及时封堵、删除各类有害信息，避免在网上制作、查阅、复制、下载、传播反动、黄色和其他有害信息等现象的发生，避免出现攻击互联网的违法行为，确保校园各类宣传媒体和校园网络刊载与播发的宣传信息积极、健康、无害。

（四）严防和妥善处置突发事件

学院制定了《百色职业学院突发公共事件应急预案》。新生入学接待和军训、全院性文艺晚会、外出活动或实习等大型活动都有安全应急工作方案。保卫处、学工处、中职办公室等部门组织学生对地震、火灾等事故开展紧急疏散逃生演练和消防灭火演练。每月开展矛盾纠纷排查调处和安全隐患排查的活动，将排查出的问题逐一整改。

五、重视校园环境建设，美化优化育人环境

（一）继续开展"卫生优秀学校"创建活动

学院在2011年已通过全区"卫生优秀学校"复评验收，但全院上下没有满足于已取得的成绩，仍然积极按照市委、市政府创建"全国

卫生优秀城市"的要求，高度重视校园环境建设。一是实行校园环境卫生管理责任制。教室、实验室、宿舍、办公室等室内卫生由使用者负责；室外走廊、楼梯、公共厕所等由保洁员、勤工俭学学生各自负责；校园内地面卫生划分区域，由各系和保洁员负责；实行每天一小扫，每周一大扫，并进行检查评比。二是做好垃圾处理。在校园内合理放置垃圾箱和垃圾车，规定废纸、塑料袋等量少的垃圾可放在垃圾箱内，再由卫生保洁员集中放到垃圾车，但量大的垃圾必须放到垃圾车，然后由右江区环卫站每日负责清运学院的垃圾。三是安排专人负责校园的绿化工作。校园绿化带有人修剪，花草有人护理。四是禁止任何人在校园内私自设摊摆卖，开网吧、歌吧等。五是定期检修学院公共照明设备，修缮平整校园道路。六是经常开展排查整治。由院领导带队定期或不定期地组织有关人员对校园环境进行摸底调研，展开拉网式大排查，并有针对性地采取整治措施。由于措施得力，有效地杜绝了校内脏乱差的现象，使校容校貌整洁美观。

（二）治理校园周边环境不松懈

学院与自治区教育厅签订了 2013 年安全稳定工作目标管理责任书，与百色市右江区综治委签订了 2013 年社会治安综合治理目标管理责任书；校内设有公安警务室，加强学校保卫工作与驻地派出所联动治安防控，保证校园及周边秩序良好；实行班主任、辅导员与学生家长沟通交流制，切实做好学校与社区、家庭的结合，进一步健全三位一体的管理网络，完善责任体系，形成共建、共管、共育的良好育人机制，营造学生在校有人教、在家有人看、在外有人管的社会大环境。

六、加强校园文化建设，不断优化育人氛围

（一）校园活动场所设施完善，管理到位

近几年来，学院不断优化人文环境，每年保证有经费投入用于校园文化场所设施及其载体建设。目前建有篮球场、排球场、足球场、羽毛球场、乒乓球场、健美操训练房等运动场地，文体活动场所基本达到教育部教学设备评估标准；有校徽、校训；有绿化带、文化长廊。

在教学区和学生宿舍区设置有宣传橱窗、展板墙报等文化宣传栏，划归各部门和学生社团使用并经常更换内容。由学院党委宣传部负责管理学院网站、校园广播站、电子显示屏、信息广告栏等宣传媒体，使其运行良好，无乱贴乱画现象。

（二）校园文化活动丰富多彩，参与率高

2013年，学院积极组织学生开展文体比赛、暑假社会实践、志愿者服务、第四届女生节、寝室设计比赛、知识培训讲座、青春励志电影展、迎新文艺晚会等活动。组织教职工排球代表队、师生篮球代表队分别参加市、区比赛，取得良好成绩。成立志愿者协会、电子协会、创业协会、演讲协会、汽车协会、功夫协会等学生社团，并健全社团管理规范；社团活动有指导老师，有经费保障，内容丰富多彩，学生参与率超过80%。

（三）不断丰富校园文化内涵

1. 坚持以社会主义核心价值体系引领师生

一是继续深入开展师德师风教育活动。通过理论学习、先进人物事迹报告会、师德教育大会等方式，积极推进师德教育。强调学校教职工要具有"三爱"（爱学生、爱岗位、爱学校）、"三让"（让学生成才、让家长放心、让社会满意）、"三负责"（对学生负责、对学校负责、对事业负责）的思想境界。二是加强学生思想品德教育。充分发挥思想政治理论课教学的主渠道作用和业余党校、业余团校的重要作用，根据学生身心成长的特点，通过课堂教学、优秀毕业生励志报告会、参观百色市爱国主义教育基地、社会实践等形式，以爱国主义教育为主线，深入爱国主义、社会主义、中华民族精神、公民道德、前途理想、诚信教育和文明行为习惯养成教育，以指导学生养成良好的思想道德品质。三是建立激励机制和长效机制。学院每年都在教职工中开展优秀教师、先进教育工作者、优秀辅导员、优秀班主任等评选活动，在学生中开展文明班级、文明宿舍、三好学生、优秀学生干部、优秀毕业生等评选活动，树立正面典型，使师生学有榜样。

2. 提炼校园文化内涵

在多年的办学实践中，学院明确提出"稳定规模、深化内涵，提

升质量、铸造品牌"的办学指导思想和"为把学院建设成为有特色的广西高职名校而奋斗"的办学目标。确定了"厚德强技，百色人生"的校训、"和谐奋进、求实创新"的校风、"博学善教、敬业树人"的教风以及"崇德笃学、精技践行"的学风。

七、积极开展多种形式的文明创建活动，校园文明建设　　水平不断得到提高

（一）抓好师生的安全文明教育

2013年来，学院继续把师德教育放在教职工管理工作的首位。在每次全体教职工大会上都强调教职工要树立"教书育人、管理育人、服务育人"的思想，爱岗敬业，关心学生，为人师表；还通过党风廉政教育报告会、先进人物事迹报告会、组织学习上级有关师德教育的文件等形式对教职工进行师德教育。把诚信教育、安全教育和法制教育纳入新生入学教育必须学习的内容中，严格按照教育部、区教育厅的要求开设"安全教育""思想道德修养与法律基础"课程，有任课教师，有课时保证，有成绩考核，做到诚信教育、安全教育和法制教育进课堂，诚信观念、安全意识和法制意识进学生头脑。

（二）心理健康教育基地建设有保障

设有专门的心理健康教育和咨询机构，建有专兼职相结合的学生心理健康教育工作队伍，配有专门的办公室和开展心理咨询的活动室，建立健全学生心理教育和咨询档案，注重对学生的心理调节和教育，适时开展学生心理教育和咨询活动，有效避免学生因学习、就业、生活造成心理问题而出现出走、自杀等事件的发生。学生心理健康教育和咨询中心建设达到学生心理健康教育和咨询评估的标准。

（三）文明风尚蔚然成风，师生道德素养不断提高

1. 互帮互助，共渡难关

学院倡导"一方有难、八方支援""能帮就帮"和团结互助精神，全院师生积极开展多种形式的志愿者服务和爱心捐助活动，如无偿献血、义务劳动、敬老助残活动、为病重住院的困难职工捐款等。

2. 知礼感恩，校园和谐

学院倡导人人有爱心、懂感恩，做有道德的人。开展尊师重教和感恩教育、教师职业道德教育，制定教师职业规范和学生文明守则，树立师生先进模范。师生关系融洽，教学相长；学生之间关系融洽，平等互助。

3. 制度健全，加强监督

学校管理制度健全，办事程序规范，监督有效。凡涉及学院重大问题和重大经费开支均由学院领导班子或班子扩大会议讨论决定，不搞"一言堂"；建有工会组织，校内设立意见箱、校务公开栏，保障师生诉求畅通；建立学院和各系的学生会，让学生开展自我管理、参与学院管理活动。师生对学院的管理满意度较高。

八、学院组织自评情况

学院领导高度重视安全文明校园申报工作，印发了《关于做好迎接 2013 年广西高等学校安全文明校园考核测评工作的通知》，组织院属各单位负责人根据实际情况，严格对照评估指标体系逐条逐项开展自评，一共 30 项指标均达 A 档标准。2012 年网络建设这一项为 B 档的主要原因是：学院成立时间不长，财力有限，以前只能优先考虑基础设施和教学设备的投入，2013 年下半年学院在财力极度困难的情况下，投入 30 万元建设校园网，现已建成并投入使用，2013 年网络建设这一项达到 A 档标准。

（本文为《2013 年安全文明校园创建工作自评报告》，作者：黄凯、罗贵章）

拒绝毒品 健康人生

2013 年 11 月 13 日

今天，我们举行百色职业学院 2013 年禁毒知识讲座，很荣幸邀请到百色市公安局禁毒科的领导为大家讲课。下面，我向大家隆重介绍出席的领导，他们是百色市公安局禁毒科廖克光副政委，支队三大队郑浪花队长、夏莹干警，让我们以热烈的掌声欢迎他们的到来。

习近平总书记指出："禁毒工作是事关人民幸福安康、社会和谐稳定的一项重要工作。"同学们，毒品危害极大，可以说一旦染上，那可是毁灭自己、祸及家庭，甚至危害社会。毒品到底有多大危害，如何远离毒品？这可是全社会共同关注的课题，是全民必须参与行动的工程。作为一名在校的学生，如何从我做起，从日常一点一滴的事情做起，还要听听专家为我们解读。今天，为同学们主讲的是百色市公安局禁毒科支队三大队夏莹干警。夏干警多年从事禁毒宣传工作，既有丰富的基层锻炼经验，又有深厚的理论素养，经常给各所中小学校的师生讲课。我想，通过今天的讲座，同学们对这方面的知识会有更多、更深入的了解。下面让我们用掌声请夏干警为我们讲解禁毒知识。

（讲座结束后）

同学们，刚才夏干警给我们上了一堂精彩的禁毒法制课，对毒品的危害，相信大家一定有所了解，也从中有所感悟、有所收获，为此，我对同学们提出如下要求：一是认真学习禁毒知识，了解毒品的危害；二是树立防毒意识，提高自我保护的能力；三是从我做起，坚决抵制毒品；四是参与禁毒，主动同毒品违法犯罪行为作斗争。同学们，你们是国家的未来和希望，你们一定要珍惜青春，努力学习，不断提高自身素养，共同担负起历史和时代的重任，一起抵制毒品！

（本文为笔者在百色职业学院 2013 年禁毒知识讲座上的讲话）

热爱生活　珍惜生命

2014 年 4 月 14 日

　　4 月 12 日（周六），百色某中职学校两名学生溺水身亡，此消息令人十分痛心。这不仅涉及自身安全，而且给学校、亲人和朋友带来无尽的灾难和痛苦。这起溺水身亡事故，给我们敲响了警钟。

　　鉴于此，请同学们切不可有丝毫的疏忽和侥幸心理，必须严格遵守安全禁令，珍爱自己的生命。目前正值初夏时节，气温逐渐上升，右江河和澄碧河水域暗流暗礁多，历年发生了多起因私自下河游泳而引起的重大安全事故。本着对学生负责、对学院负责、对社会负责的态度，为防患于未然，我代表学院再次重申严禁私自下河游泳的有关规定：遵守学院有关学生的安全管理制度，珍惜生命；学生在校期间、节假日（含双休日）、暑假期间，严禁以任何理由到江、河、湖、塘等水域游泳或游玩；凡不遵守学院有关规定私自下河游泳者，被学校发现、知道或经同学报告、检举查实者，一律按照有关规定从严、从重处理；凡威胁、怂恿、组织他人下河游泳者，学校将给予从严、从重处理。如造成安全事故，由怂恿、组织者承担一切经济责任和法律责任，对发现同学私自下河游泳而知情不报者，将依据相关管理规定给予通报批评，造成严重后果者，将依照相关条例给予纪律处分，并追究相关责任；对于学生安全教育，学院重在教育与告知，凡无视学院、系部规定者，所造成的后果皆由学生本人自己负责；辅导员、班主任、宿舍管理员、学工处、保卫处等作为学生安全工作的第一责任人应切实开展安全教育和管理工作。

　　同学们，警钟声声长鸣，教训时时皆有。学院、系部将全力以赴抓安全，希望老师、学生们积极配合，共同遵守，确保学生生命安全。

　　（本文为笔者在百色职业学院晨会课上的讲话）

强化学生国防意识　培养国防后备人才

2014 年 10 月 10 日

　　2014 年大专生军训工作今天正式开始了。首先，我谨代表学院党委、行政，向承训的全体官兵表示热烈的欢迎和衷心的感谢！向为军训而辛勤工作的老师们和积极参训的同学们表示亲切的慰问和美好的祝福！

　　百色职业学院是一所经自治区人民政府批准，国家教育部备案的公办全日制普通高等职业院校，位于滇、黔、桂三省（区）交界的大西南出海通道——百色市。学院依山傍水，绿树成荫，环境幽雅，空气清新，是同学们学习和深造的好地方。

　　学院是国务院扶贫办在广西设立的唯一一个劳动力转移培训品牌基地，是广西大石山区特困村屯贫困家庭子女职业教育工程培训基地，是自治区人力资源与社会保障厅劳动力培训品牌基地，是百色市安全生产培训基地，是共青团百色市委就业创业培训基地，多次被自治区、百色市委授予安全文明校园、卫生先进单位等称号。

　　学院成立 8 年来，艰苦创业，勤俭建校，集中职、高职学历教育于一体，专业设置包括机电技术、汽车、建筑、材料、供电、电气、计算机、会计等多学科、综合型的骨干专业。随着东盟贸易的快速发展，职业教育前景广阔。前人有言"一技在手，走遍天下""荒年饿不死手艺人"，现在是"一技在手，就业不愁；一技在手，跑遍全球；一技在手，终身受益"。你们将是国家经济建设和社会发展的重要力量，是祖国现代化事业的建设者和保卫者。习近平同志 2012 年底考察广州军区时曾经指出："努力建设巩固国防和强大军队。"同学们，在你们当中，有不少人完成学业后，将走进军队和预备役部队的行列当中，担当起保家卫国的重任。学校开展军训活动，是《中华人民共和国国防法》《中华人民共和国兵役法》和《中华人民共和国国防教育法》规定的一项重要任务，是大家接受国防教育，树立集体主义、爱国主义和革命英雄主义精神的一种基本形式。中国近代著名的思想家梁启超曾在《少年中国说》中发出殷切的呐喊："少年强则国强。"少年何以为强？那就是要求广大青少年有强健的体魄、积极的进取心和强烈的民族忧患意识。军训是你们进入大学之后面临的一次重要考验，是你们大学生涯中重要的一课，也是你们在校期间接受国防教育、组织纪律和艰苦挫折教育的基本形式。通过军训，同学们可以掌握基本的军事知识和军事技能，可以增强大家的国防意识，提高大家的军事素质，强化组织纪律观念，培养大家的集体主义精神和吃苦耐劳、艰苦朴素的作风，锻炼大家的意志与体质。在此，我代表学校党委、行政部门向全体参训学生提出以下要求：

1. 精神饱满，积极参训

为期十天的军训是你们走进大学后接受教育的首要一课，教官也是你们的老师，同学们要力争上好这一课。大家在军训中要始终保持饱满的热情，克服怕苦、怕累的畏难情绪，端正态度，积极参训。梁启超还曾说过："患难困苦，是磨炼人格之最高学校。"同学们通过军训，磨炼自己的意志，健壮自己的体魄，强化自己的组织纪律性，培养集体观念，形成良好的班风，使班级变得更和谐、更守纪、更文明、更具竞争意识。

2. 严格要求，听从指挥

"流血流汗不流泪，掉皮掉肉不掉队。"军训期间，全体参训同学要从思想上、行动上以一个军人的标准严格要求自己，像军人一样生活，像军人一样思考，像军人一样训练，时刻想到自己就是一名真正的军人。要尊敬教官、服从命令、听从指挥、严守纪律、勇敢顽强、坚持到底，坚决完成各项训练科目。军事训练是新生入学的必修课，且军训考试成绩要记入学生成绩册。

3. 虚心学习

军训是一次难得的接受教育和加强学习的机会，希望同学们虚心、认真、扎实地学习，完成训练内容，学习军队的好思想、好作风、好传统，把军训中的收获化为学习的动力。

4. 整洁卫生

军训期间，同学们要从我做起，从现在做起，从身边的一点一滴做起，改正随地吐痰、乱扔垃圾等不文明行为；不大声喧哗，不起哄，不吵闹，不践踏草坪，不损坏公共设施。军训中着装整齐，仪表端正，树立讲文明、讲卫生、讲礼貌的良好风尚。

5. 注意安全

安全问题无小事，来不得丝毫懈怠。希望同学们时刻牢记"安全第一"，时刻绷紧安全这根弦，提高自我保护意识，确保军训期间的绝对安全。

希望全体参训同学刻苦训练，弘扬部队优良传统，学习解放军同志吃苦耐劳的优秀品质，完成各项训练任务。最后，预祝百色职业学院2014年大专生军训取得圆满成功，祝愿全体承训官兵在校期间工作顺利，身心愉快！

（本文为笔者在百色职业学院2014年大专学生军训动员会上的讲话）

第二编

办学理念

竞选演讲

2012 年 12 月 11 日

大家好！我叫黄凯，原籍广西德保，中共党员，在职研究生学历。曾任隆林教师，学校政教处主任，报社和电视台记者，广播电视局办公室主任，县委办秘书，新州镇党委副书记、镇长，中共者浪乡党委书记，广西平果铝热电厂厂长助理，隆林教育局局长、工委书记、党组书记，隆林各族自治县第十三和十四届人大代表，是中共隆林各族自治县第十二和十三届委员会委员、代表，中共百色市第三次代表大会代表。担任教育局局长近 6 年来，个人和单位多次获得自治区、市、县级奖励。近年来，隆林高考、中考连年取得佳绩，小学毕业测试水平稳步提升，学前教育特色突出。在 2011 年由国务院召开的全国学前教育工作会议上，我代表广西、全国乡镇作发言。所有这些成绩与荣誉的取得，凝聚了各位领导和同志们的心血、汗水与智慧。

我之所以竞选这个岗位，是因为觉得自己具备了七个方面的条件：一是思想端正，作风正派，对党忠诚；二是团结同志，坦诚待人；三是具有强烈的事业心和工作责任感；四是具有一定的政治素养和专业理论水平；五是具有一定的组织、协调和管理能力；六是具有一定的写作基础，发表文章 20 多万字，已出版个人专著《人物春秋》；七是经历 13 个部门（岗位）的实践锻炼，参加工作 25 年来，其中 18 年是从事教育教学管理工作，积累了多方面的工作经验。

如果我这次当选，定将尽我所能，不断学习，加强自身修养。在认认真真学习上有新进步，在堂堂正正做人上有新境界，在踏踏实实做事上有新成效，在清正廉洁上有新形象，在关心干部职工冷暖上有新作为；摆正位置，当好助手，不越权，不越位，搞好分管及分内工作；精诚团结，努力营造人和事顺的良好氛围。

各位领导评委，我恳请大家能给我一个进步和发展的机会。然而我深知，竞争上岗，必有上下，到时是"万家灯火谈竞争，几家欢乐几家愁"。古人云："不可以一时之得意而自夸其能，亦不可以一时之失意而自堕其志。"无论当选与否，我将以此为契机，以此为起点，以此自勉，一如既往地搞好工作，用实际行动、用出色的工作业绩回报大家的关爱。

（本文为笔者2012年竞选百色职业学院副院长时的演讲稿）

细节决定成败　习惯决定命运

2013 年 3 月 8 日

今天，是百色职业学院新学期举行的第一次升旗仪式。鲜艳的五星红旗牵引着全院师生炙热的目光，承载着大家多彩的梦想，演绎着我们对美好未来的向往。首先，我代表学院党政领导班子热烈欢迎全体教职员工、同学们重返校园，继续求索之路；同时热烈欢迎 34 名新生来到学院就读，体验一种全新的人生风景。在此，我提议在场全体师生，为我们共同走向新的学期、新的生活，鼓掌加油！

亲爱的同学们，过去一个学期，我们学院各项工作取得了优异的成绩：顺利通过国家教育部委托教育厅人才培养的工作评估，荣获自治区卫生先进单位称号，连续三年荣获"全区高等学校安全文明校园"称号，一批个人、单位先后荣获区、市各种殊荣，招生工作有新进展，校园风气有新气象，办学条件有新改善，内涵建设有新提升，社会影响力逐渐扩大。作为百色职业学院的一名学生，大家应该感到骄傲和自豪！

俗话说，一年之计在于春。同学们，新学期，我希望你们拥有全新的梦想，在此寄语：首先养成良好习惯。爱因斯坦曾说："人类最需要的努力，是在我们的行为中追求道德。我们内心的安定，甚至我们的生存，都离不开道德。因为只有道德的行为，才能给生命以美和尊严。"叶圣陶先生认为，教育的全部目的就是养成良好的习惯，而习惯的养成是通过平常的点滴细节形成的。细节决定成败，习惯决定命运。良好行为习惯的养成，将使你们成为精神高贵、人格独立、思想健全、品质优秀的人。你们也因此眼界更宽、心胸更广、思维更敏捷；你们将很充实，很快乐；你们将成为一个有激情、负责任的人；你们将能提升生命品质，撑起做人的一片晴空。

其次要有信心。中国古代历史文献《尚书·周书》中有记载"功崇惟志，业广惟勤"。古希腊著名的思想家、哲学家苏格拉底说过："世界上最快乐的事，莫过于为理想而奋斗。"同学们，理想是方向，信心是基石，拼搏是保障。充满信心，是挑战人生并取得成功的前提。相信自己的能力、相信老师的支持、相信学院能作为你们坚强的后盾，勇往直前，你们绚烂的梦想就一定能实现。

最后要学会学习。"学习是立身做人的永恒主题，也是报国为民的重要基础。"习近平总书记在欧美同学会成立 100 周年庆祝大会上提出殷切希望，"以韦编三绝、悬梁刺股的毅力，以凿壁借光、囊萤映雪的劲头，努力扩大知识半径，既读有字之书，也读无字之书，砥砺道德品质，掌握真才实学，练就过硬本领。"同学们，学习是你们的主要任务，对于职业院校在校生，积累丰富的知识、掌握熟练的技能、提升过硬的本领、养成高尚的品格，是你们所要必备的。"读书使人充实，讨论使人机智，笔记使人准确……"这是英国哲学家弗兰西斯·培根的经典名言。只要同学们志存高远，勤奋学习，苦练技能，以全新的面貌和满腔的热情投入新学期的学习、生活中，你们就能有收获，有进步，健康、快乐地成长；你们就能奠定美好的未来，赢得灿烂、宝贵的人生。

同学们，只要我们心存梦想，我们就能与成功相伴。新学期，学院在各项工作中将一如既往抓落实、求创新，使每一位同学都健康成长、快乐生活、学会做人、学会思考、学会感恩、享受成功；让每一位教职员工爱岗敬业、心情舒畅、幸福安康；最后，让我们共同祝愿百色职业学院的明天会更好！

（本文为笔者在百色职业学院 2013 年春季学期开学升旗仪式上的讲话）

巡视督导　常态管理

2013 年 5 月 19 日

根据百色职业学院工作安排，从 3 月 17 日起，学院实施中层以上领导干部"校园安全稳定管理值周巡查"制度，严格实行校园安全与维护稳定管理问责制。从开展巡查活动至今，共 9 周时间，工作正常推进，取得了阶段性成效。

一、三个方面工作亮点

（1）学院领导积极参与，有效推进活动开展。开展巡查校园活动，从一开始，就得到学院领导的大力支持，学院党政主要领导亲自部署，落实工作，积极参与，有效监督，工作取得了预期效果。平时，凡是轮值领导，只要没有其他特殊任务，就要认真参加这项活动，按照制度要求，认真值班巡查校园，履行工作职责，检查校园秩序情况，处理当天事务，努力做到面上与巡查工作统筹兼顾，两手抓，互相促进，有效推进这项活动的开展。

（2）中层领导尽职尽责，巡查触及校园全貌。巡查中，各中层领导努力克服家庭、教学工作和生活上的诸多困难，全身心地投入这项活动当中，早上 7 点到位，晚上 9 点多回家，有的甚至晚上 11 点多才回家。每一位轮到自己值周的领导，大多数能做到积极走动、认真记录，对学生的不文明行为及时给予纠正，对个别工作不负责任甚至违反学院纪律的老师给予教育，并通报批评。这在一定程度上有效地遏制了部分教师的懒散、无故旷工、迟到、早退等现象，有效地提升了学院的管理和监督水平，逐步规范办学行为。

（3）教育奖惩相结合，规范管理常态化。在活动中，各组认真开展工作，到位率高，对违纪的老师能及时通报和教育。据统计，学院在 3 月 30 日和 4 月 15 日共通报两次，违纪老师达 7 人。共张贴值日纪要 41 份，包括学生上课、纪律、卫生、行为规范、校园安全等内容近400 条。通过及时通报，教育和警醒了多数教职员工，端正了他们的工作态度，一定程度上保证了学院教育教学秩序的正常开展。同时，通过巡查通报，使学工、保卫、总务以及各系、各班级及时了解学生的动态情况，使各部门、各班级有针对性地加强对学生和班级的管理。

二、四个方面工作不足

（1）巡查过于局限，个别中层领导只在教学区走动，巡查的内容大多只针对学生是否到教室上课、上自习，老师是否按时带班等，巡查面比较窄。

（2）学生生活监督检查不到位，如食堂、宿舍等方面没有作为巡查通报重点，学院整体管理存在漏洞。

（3）巡查发现的问题只在通报栏公布，有的老师或班主任不一定常到公布栏看，所以不了解各种信息张贴情况，耽误最佳纠错时机。

（4）巡查组没有作出每周巡查小结，没有向各处室、各系部通报；对班级、学生中出现的问题，没有针对性去解决或限时整改。

三、六个方面工作打算

针对以上问题，下一步力求做好以下六个方面的工作。

（1）加强全方位督查。巡查活动将在今后的工作中得到加强，不会削弱，将会一以贯之，常抓不懈；扩大巡查面，加大巡查力度，贯穿教育教学全过程，力求涉及学院各个方面；巡查人员不光在教学区巡查，还要深入宿舍、食堂、实训室、运动场等不同场所了解学生的学习、生活情况，及时解决学生遇到的实际问题。

（2）及时汇总和纠错整改。建议各巡查组要把一周内巡查和发现的问题作出小结，并提出整改意见，及时送达学工处、学院两办、教务处等部门和学院领导手中，以便部门、领导针对出现的问题开会商讨，研讨相应对策，并作出整改要求。

（3）部门配合。配备好系部，完善功能，强化各个系部对学生的管理，这是管理好学生工作的保证。有些同志片面理解，认为学生的思想工作是学工处的事，与自己无关，平时不闻不问或很少过问。大家知道，我们学院每个学年，都安排有"思想道德修养与法律基础""毛泽东思想和中国特色社会主义理论体系概论""安全教育""军训与国防教育"等课程，有专门的专家、老师授课，并不局限于学工处。这就说明，平时对学生的思想教育工作、行为管理等，是系统、复杂、多方面、多渠道、多途径的，而不是光靠学工处或几个辅导员、班主任的力量就能完成的。为此，各个系部更要担起对学生的管理工作，以此分担学工处和辅导员、班主任的压力。把学生问题的一部分解决在系部，解决在基层，解决在萌芽中。众志成城，只有学院从上到下重视，学生和教职员工人人参与，互相提醒，互相监督，互相约束，形成合力，齐抓共管，形成自然，形成常态，学院的各项工作才能顺利推进。

（4）专项整治。由学工处牵头，有针对性地组织各系开展对学生行为规范的专项整治活动，如开展"禁止穿拖鞋进课堂""禁止携带食品进课堂"等专项活动。通过召开主题班会等形式，配合进行，切实做到整治一项，扭转一项，巩固一项，规范一项，确保学院教育教学秩序正常进行，学生管理工作有质的提升。

（5）完善硬件建设。根据现状，下一步学院应在教育教学、安全保卫等方面加大硬件投入，如添置教学设施，提高学生学习兴趣；在各重要场所安装监控摄像设备，以方便监控，方便管理，提升师生安全感。

（6）强调组织纪律。继续加大对教职工在思想政治、学生管理、教学质量、作风纪律等方面的管理，充分发挥教学督导组的作用，尤其对上课随意，教学懒散，无故旷课、迟到、早退的老师给予批评教育，确保学院规章制度的严肃性，从而推进学院各项工作的有序开展。

（本文为笔者在百色职业学院第一次巡视工作反馈会上的讲话）

开展职业技能鉴定　服务地方经济发展

2013 年 7 月 19 日

　　百色职业学院位于百色市城东澄碧河畔，是一所公办的全日制普通高等职业院校，学校占地面积 160 多亩，建筑面积近 10 万平方米。教职员工 237 人，其中专任教师中具有硕士及以上学历的 20 人，具有副高以上职称的 23 人，双师素质型教师 54 人，高级技师 4 人。学院开设应用电子技术、机电一体化技术、材料工程技术、供用电技术、数控技术、计算机应用技术、会计统计与核算、机械制造与自动化、电气自动化技术、汽车检测与维修技术、广告设计与制作、建筑工程技术、金属材料与热处理技术、模具设计与制造、商务经纪与代理等 25 个专业。

　　学院下辖的百色市机电工程学校，经上级部门批准设有职业技能鉴定所。多年来学校的国家职业技能鉴定所在自治区人社厅、百色市人社局职建科、百色市职业技能鉴定指导中心等主管部门的领导和具体指导下，高度重视国家职业技能鉴定工作，充分发挥职业院校的自身优势，加强领导、精心组织、扎实工作，鉴定工作取得显著成绩。现将 2011—2012 年学校的国家职业技能鉴定所开展的工作情况汇报如下。

一、鉴定工作开展情况

　　学校职业技能鉴定所开展的工种有电工、电焊工、制冷设备维修工、家用电子产品维修工四个工种，开展的工种全部在本校的职业技能鉴定所的资质范围内。两年来，开展以上四个工种鉴定的人数共计 6 425 人，其中初级电工 2 615 人，中级电工 1 213 人，高级电工 11 人；

初级电焊工 2 182 人，中级电焊工 102 人；中级家用电子产品维修工176 人，中级制冷设备维修工 126 人。

二、主要做法

（一）狠抓机构建设，奠定组织基础

开展职业技能鉴定，提高各类工种从业人员的技能水平，是实现企业生产、增收的客观需要，是一项至关重要的工作。学院党委充分认识其重要意义，把这项工作当作服务地方经济建设的切入点来抓，高度重视职业技能鉴定工作，切实加强领导。为提高工作质量，学校成立以院长为所长，职业技能鉴定所、总务处等部门为具体实施部门的鉴定工作小组，并设立学校职业技能鉴定所办公室，抽调精干师资力量具体负责鉴定所各项管理工作，确保鉴定工作有序开展。

（二）抓制度建设，促规范管理

"抓管理、严程序、促规范、保质量"是学校职业技能鉴定所工作的总体指导原则。我们紧紧围绕鉴定前的资格审查、技术准备、鉴定实施和鉴定后的结果处理这四大步骤实施。根据国家和自治区、市人社部门对职业技能鉴定的政策法规和具体要求，学校职业技能鉴定所先后建立了《职业技能鉴定所财务管理制度》《职业技能鉴定所工作人员岗位职责》《职业技能鉴定所考评员和考务员守则》等各项规章制度，并按制度要求组织鉴定考核工作。重点做好报名资格审查、申报审批、考场布置、组织实施、各种登记表的填写、考场技术准备、阅卷、检测、评分、统分填表、送审验印、发放证书以及资料整理、存档等各项具体工作。考试采用国家试题库试题，统一组织考试，严格执行鉴定工作保密制度，从而确保技能鉴定考试有序进行和职业技能鉴定工作的公正、公平、高质量和权威性。

2010 年 10 月份开始使用在线考务系统，学校高度重视此项工作，先后派出 7 人到自治区或百色市参加相关业务的培训。这使学校的鉴定工作得以及时跟进，按照在线考务系统的流程有序展开。

（三）强化队伍建设，提高全面素质

一支精干高效的鉴定队伍，是做好工作的关键。为做好学校职业技能鉴定所的各项工作，以及配合市鉴定中心做好全市的鉴定工作，学校先后派出34名经验丰富的教师参加由自治区职业技能鉴定中心组织的考评员培训班，并获得考评员资格证书。考评员队伍中具有研究生学历的教师13人，占38%；本科学历教师17人，占50%；考评员队伍中有8人具有副高职称，4人取得高级技师职业资格。参加考评员培训的教师涉及机电、机械、电子、化工、制冷、企业管理、法律、焊接、数控等专业。鉴定考评员队伍力量雄厚，专业知识结构合理，经验丰富，为确保鉴定的质量和效果打下了坚实基础。

学校职业技能鉴定所还经常组织考评员认真学习上级有关文件、相关政策与法规，深刻领会其精神实质，不断提高考评员的法律意识及业务素质。

（四）鉴定场地充足，鉴定设备有保证

目前学校建成初中高级电工、金工实习、焊工实训、PLC、自动化、制冷、电动机维修、家电维修等实训室42间，设备价值2 100多万元。对于所有实训场地，学校鉴定所有优先使用权，确保鉴定所各鉴定工种、鉴定设备的需要，为鉴定工作的顺利开展提供了有力的保障。

（五）鉴定档案管理规范

鉴定档案管理工作是鉴定的一个重要环节，学校职业技能鉴定所在鉴定的过程中注意收集好参加鉴定人员的各种必备材料，及时分期归档管理。经工作人员不断总结、学习，鉴定档案管理工作不断完善，且趋向规范化。

（六）财务收支规范合法

学校职业技能鉴定所开设专门的账户，鉴定所的所有收费项目由学校财务室统一收支，在被鉴定方按照鉴定收费标准转账或者到财务缴纳现金后，由学校财务室统一开具正规收费发票，确保鉴定所收费的规范性。

三、存在问题

在上级部门的关心和指导下，学校鉴定工作虽然取得了一定的成绩，但出于各方面原因，还存在很多的不足：鉴定教师队伍结构还有待进一步合理化；鉴定工种还比较少，有待进一步扩大鉴定范围；鉴定制度还不够完善。

四、今后工作设想

下一步，学校在总结前期鉴定工作成功经验的基础上，将努力朝着建设优质鉴定所的目标，全力组织好各项鉴定工作：一是继续加大提高鉴定教师队伍业务水平的工作力度，每年派 5 名左右教师参加区级举办的考评员培训班学习，并到鉴定工作先进单位去学习和交流。二是举全所之力，不遗余力地按照上级部门对鉴定档案管理提出的具体要求，分期分批整理好鉴定档案，使鉴定所的鉴定档案管理工作迈上规范化道路。三是根据全市鉴定工种需求，充分发挥学院资源优势，增设鉴定工种，进一步拓宽鉴定范围，更好地为百色市经济社会发展服务。四是进一步完善监控制度，严把鉴定质量关。

（本文为笔者在百色市机电工程学校国家职业技能鉴定所年检汇报会上的讲话）

抓实抓细　抓出成效

2013 年 8 月 9 日

大家好！根据会议安排，下面我就新学期自己所分管和联系的工作讲几点意见。

一、安全保卫及维护稳定工作

做好新学期中、高职新生入学接待和安全保卫工作，打算在 9 月初，对新生和高年级学生分别召开安全教育大会，拟邀请派出所领导到会讲解法制课，对中、高职新生进行军训，加强中秋、国庆节等节假日的安全保卫工作，每月至少开展一次安全大检查活动，收缴管制刀具和大功率电器；做好年底"安全文明校园"评估材料的收集和整理工作。与此同时，在平时工作中，将定期与不定期和公安等部门合作，抓好学院周边的治安综合整治，加强校园治安巡查力度，加强对重点场所、重要部门的监控，加强校门值班，对外来车辆、人员认真登记、核实，严格监管；继续对学生开展安全文明教育，提高学生安全文明意识，严禁学生私自下河游泳，严禁学生无故外出，严禁学生在宿舍私自拉线、安装开关，严禁学生使用大功率电器，严禁学生靠近、攀爬危险墙体、地段，严禁学生携带刀具等各类危险器械，严禁学生打架斗殴，严禁学生利用互联网散播有害信息，严禁学生参加各种违法犯罪活动。

二、技能培训与成人教育工作

一是对金工实习车间全面检修，8月10日要求金工实习车间外聘师傅返校对设备进行全面检修，排查安全隐患，防止可能因实习指导师傅空缺带来的安全问题；主动跟教务处对接，做好本学期学生实习所需材料的购买，保证实习工作如期顺利开展；焊接车间人员应查清一些缺少的配套设备型号，及时打报告购买填补，保证学生实习按时展开。二是开展农民工培训，开学后及时组织第三期农民工培训工作，同时，尽快申报已经完成培训的验收、报账工作。三是做好评估的相关工作，8月25日前对照学院评估分工表，完成评估中设备的重新贴标签、建卡、台账及制度建设工作。四是迎接自治区三级安全生产培训机构评估，8月底前完成安全教育室的建设，加快完成焊接车间改造，完善安全培训档案整理，全面迎接自治区安监局对学院三级安全生产培训机构的延期评估。五是做好8月12日百色市残联委托并在学院举办的家电维修工残疾人培训班；同时，做好对新学期中、高职新生的扶贫对象的调查摸底工作、自考衔接的宣传动员，以及职业技能鉴定等工作。

三、联系电气工程系工作

迎评工作，努力完成好以下任务：一是收集整理迎接人才培养合格评估材料，进一步完善教师个人教学档案材料，做好档案建档目录。目前电气系档案建档目录已基本理顺归档，但材料还比较乱，需进一步整理，按顺序编排建档。二是配合技能培训中心搞好实验（实训）室设备清点核查、登记造册和维修工作，这项工作需要老师们相互理解，相互沟通，倡导团结协作精神，按时、保质、保量完成工作任务。三是寻求校企合作，联系校企合作的校外人员和单位。四是强化说课训练，在上一学期第一轮说课培训的基础上，新学期9月份会进行下一轮的说课强化训练。五是进行深度访谈训练，全院统一部署，对该系师生进行访谈专项培训。六是完善该系电气自动化技术专业、供用电技术专业材料剖析，做好专业支撑材料归档。

四、常规工作

开学迎接新生，在电气系各班开学初，用一周时间对学生进行安全教育，组织搞好军训，拟定在第三、四周举办维修电工考证培训，组织学生参加 2013 年大学生电子设计大赛，电气系选送的学生曾获得此项赛事广西赛区多个奖项，应继续发扬；同时，在学年末组织好毕业班学生进行毕业设计指导，以及自考本科工作，抓好教学质量监控管理，对毕业生就业进行追踪等。

以上发言，讲不到的、讲得不对的，敬请在座的各位领导、老师和同志批评指正，最后以覃书记、廖院长的指示、讲话为准。谢谢大家！

（本文为笔者在百色职业学院 2013 年秋季学期开学全体教职工大会上的讲话）

身残志坚技高　业精织梦人生

2013 年 8 月 23 日

大家好，秋风送爽，丰收八月。今天上午，"2013 年百色市残疾人初级家用电子维修工、计算机操作员培训班"在学院隆重开班。值此培训班开班之际，我谨代表百色职业学院的全体师生员工，向前来指导开班仪式的百色市人社局、百色市残疾人联合会的各位领导、嘉宾，以及参加培训的全体学员表示热烈的欢迎！

习近平总书记曾指出，"中国梦是民族的梦，也是每个中国人的梦"，中国梦更是每一位残疾朋友的梦。这次培训班，体现了各级党委、政府为残疾朋友办的实事好事，是在百色市人社局，市、县残疾人联合会，百色职业学院等单位领导的关心、支持和高度重视下举行的。通过办班学习，将使在座的学员朋友掌握一技之长，掌握劳动技能，为今后谋生、就业奠定一定的基础。

目前，百色职业学院是国务院扶贫办认定的广西唯一一个农村劳动力转移培训示范基地，每年负责 2 000 人次贫困村劳动力转移就业培训任务。2006 年以来，学院共为农民工提供短期培训超过 10 000 人次，学历扶贫 3 000 多人。

百色职业学院作为这次培训班的主要承办单位之一，一定把它当成一件大事来抓，积极配合，精心组织，周密安排，为培训班学员提供良好的学习和生活环境，搞好服务工作。希望每位学员在参加培训期间，努力做到遵守纪律、认真学习、按规程操作，学有所成，学有所获，把学到的技能运用到今后的工作、生活当中。

最后，预祝本次培训班取得圆满成功。谢谢大家！

（本文为笔者在 2013 年百色市残疾人实用技能培训班上的讲话）

定准发展规划　描绘未来蓝图

2013 年 8 月 26 日

　　为贯彻落实《国家中长期教育改革和发展规划纲要（2010—2020年）》《教育部关于全面提高高等教育质量的若干意见》以及《广西壮族自治区中长期教育改革和发展规划纲要（2010—2020 年）》的精神，明确学院发展定位，促进学院又好又快发展，按照广西壮族自治区教育厅《关于编制和报送广西高等学校发展定位规划（2012—2020 年）的通知》（桂教规划〔2013〕4 号）及《关于编制和报送广西高等学校发展定位规划有关工作的补充通知》（桂教办〔2013〕421 号）的要求，特制订百色职业学院 2012—2020 年发展定位规划，现将相关情况报告如下。

一、学院基本情况

　　百色职业学院位于广西百色市区，是一所经广西壮族自治区人民政府批准、国家教育部备案的公办全日制普通高等职业学校。学院成立于 2006 年 3 月 24 日，是在百色市民族工业中等专业学校和百色市机电工程学校两所中等专业学校的基础上成立的以工科类为主的高等职业院校，由百色市人民政府主办、建设和管理，业务上受广西壮族自治区教育厅指导。学院的成立，结束了百色革命老区没有高等职业院校的历史，经过几年的建设，学院已初具规模，形成了中职、高职并存，学历教育与非学历教育并举的多元化办学模式。学院对学生实行毕业证、职业技能等级证的双证书制度，根据高职教育的特点，突出学生的专业技能操作，培养了一大批有知识、有技术、能下去、用得上的应用技能型人才，成为百色市高举"工业立市、科教兴市"大旗、努力实现跨越式发展的又一个人才支撑点。

1. 全日制在校生人数

截至 2012 年 12 月，学院共有全日制在校生 2 194 人，其中高职在校生 1 245 人，占比 56.75%，中职在校生 949 人，占比 43.25%。

2. 教职工情况

截至 2012 年 12 月，学院共有教职员工 237 人，其中教师 195 人。在学院的整个教师队伍中，具有硕士及以上学历的 20 人，占教师总数的 10.26%，具有本科以上学历的 139 人，占教师总数的 71.28%；具有副高以上职称的 23 人，占教师总数的 11.79%；双师素质型教师 54 人，占教师总数的 27.69%，此外，还有高级技师 4 人，技师 20 人。学院还聘请了中国科技大学、国防科技大学等 5 所大学的 7 名教授、副教授作为学科带头人，另聘请了 5 名企业高级工程技术人员为兼职教师。

3. 学科专业情况

学院目前共储备八大类共 25 个专业，有 16 个专业在招生，共有实验室、实训室 42 间。学院除了举办高职、中职学历教育外，还大力开展劳动力转移培训工作，是国务院扶贫办认定的"国务院扶贫办劳动力转移培训示范基地"，广西壮族自治区扶贫办认定的"广西贫困村屯贫困家庭子女职业教育工程培训基地"，自治区人力资源与社会保障厅认定的"劳动力培训品牌基地"，百色市安监局认定的"百色市安全生产培训示范基地"，共青团百色市委认定的"共青团百色市委就业创业培训基地"，百色市残联认定的"百色市残疾人职业培训示范基地"，百色市工商局、教育局、财政局认定的"百色市微型企业孵化园实践基地"等。

4. 科研情况

"十一五"以来，学院参加省部级课题 22 个。学院教师共发表论文 170 篇，其中在核心期刊上发表 8 篇，在一般期刊上发表 162 篇，有 147 篇论文获得了省级奖励；学院与广西百色嘉亿纸业有限公司合作的科研项目"造纸厂采购质量管理体系的研究"获得百色市科学进步三等奖，被鉴定为具有国内先进水平的研究项目。

5. 获奖情况

建校以来，学院共获得各级奖励40多项，其中自治区级以上的奖励有"全国农村成人教育先进学校""2013年广西壮族自治区高等学校'先进基层党组织'""全区高等学校创先争优先进基层党组织""广西高等学校安全文明校园""广西教育系统农村成人教育工作先进单位""广西壮族自治区卫生优秀学校""2006年全区中等职业教育学校招生先进集体""实施《国家学生体质健康标准》工作先进单位""广西五四红旗团委""2010年度广西高校'五四红旗团支部（总支）'""2011年度广西高校共青团先进集体""2012年度广西'先进班集体'"等，学院的学生还在第四届全国体育大会上获得过奖项。此外，学院还获得百色市委、市政府颁发的"2012年教育工作先进集体""2012年度绩效考评优秀"等荣誉称号。

二、学院的发展定位

近年来，国家深入实施西部大开发战略，国务院颁布和实施了《关于进一步促进广西经济社会发展的若干意见》，自治区党委、政府作出"两区一带"等发展部署，提出要"深入推进国家民族地区职业教育综合改革试验区建设，推进职业教育主动服务区域发展，重点面向'两区一带'建设，加快产业急需的技能型人才培养"模式。按照《广西壮族自治区中长期教育改革和发展规划纲要（2010—2020年）》制定的发展目标，广西的中等职业教育在校生要由2012年的78万人增加到2020年的90万人，高等职业教育在校生要由2012年的34万人增加到2020年的42万人。百色作为集革命老区、少数民族地区、边境地区、大石山区、贫困地区、水库移民区"六位一体"的特殊区域，一直以来都得到党中央、国务院的巨大关怀和自治区党委、政府的高度关注，在新一轮"西部大开发"和"两区一带"战略实施中，呈现出新一轮经济社会发展的强劲势头，实现跨越式发展的条件日益成熟。百色市委、市人民政府依托资源和地域优势，制定并实施"四地一带一枢纽"的发展战略，致力于建设富裕、幸福、魅力、生态、和谐的"五个百色"。

未来七年是百色市加快发展的"黄金时期",面临的机遇前所未有,对人才的需求也前所未有。自治区、百色市一系列促进经济发展的举措,带来了市场对技能型人才的极大需求,给以"立足百色,服务全区,辐射滇黔"为服务方向的百色职业学院也带来了空前的发展机遇。

在未来七年,学院将继续探索有地方特色的高职院校办学和人才培养模式,以服务为宗旨,以就业为导向,走产学结合之路;进一步创建和谐的校园环境,组建优秀的师资队伍,构建合理的专业设置,培养高素质的技能人才。学院将继续秉承"面向市场办专业、面向岗位设课程、面向实践抓教学、面向企业设基地、面向需求育人才"的办学理念,致力于培养与就业市场"零距离"对接的人才,架设既通向各种就业岗位,又通向各层次学历教育的立交桥;强化实践教学,拓展校内外实习、实训基地,逐步实现由消费性实习向效益性实习转化,建立融学习技能、培养能力、提高素质于一体的具有高职特色的教学与课程体系。至 2020 年,学院的办学规模力争达到在校生 5 000 人,其中高职生 3 000 人,中职生 2 000 人;面向社会开展各类职业技能培训,每年培训 3 000 人次以上。

在未来七年,学院在学科专业方面要以调整专业设置、优化专业结构为建设重点,以特色专业建设为抓手,致力打造与现代工业、与当地着重发展的生态铝产业对接的机电一体化技术、材料工程技术、建筑工程技术等专业群体系,建设建筑工程技术、会计统计与核算、汽车检测与维修技术、机电一体化技术、材料工程技术等五个校级特色专业和重点专业,争取申报立项两个以上自治区级特色专业,根据社会发展的实际,逐次按计划增设社会急需、就业前景广阔的专业。要使 1~2 个专业达到或接近广西高职院校的先进水平,部分学科达到或接近广西高职院校的先进水平,进入"区域领先、特色鲜明的应用型高等学校"行列,实现"创高职名校,育技能精英"的办学目标。

学院除了开展高职教育培养之外,还要兼顾中职教育和职业技能培训,形成高职与中职层次并举,中职教育与高职教育衔接,学历教育与非学历教育共存的多层次、多形式、多元化办学格局,为当地的经济发展、城镇化、农民脱贫致富发挥应有的作用。

学院坐落在滇、黔、桂三省（区）交界的百色革命老区，由百色市人民政府主办和管理，这决定了学院"立足百色，服务全区，辐射滇黔"的服务方向。在未来七年，学院仍然要根据百色当地经济发展对技能型人才培养的要求，根据百色脱贫致富对职业教育培养模式的需要，调整和制定学校各层次教育的专业方向、培养目标；还要了解国家、自治区的战略部署，研究区域经济社会发展对人才结构和培养模式的影响，寻求各种突破口，为学生拓宽就业面创造条件；利用学校地处滇、黔、桂三省（区）交界的地理优势，努力打造学校及专业品牌，增强学院的影响力，适时将招生范围扩大到周边省份的相邻地区，扩大招生面，延展服务面，服务区域经济社会发展。

三、发展定位的可行性论证

1. 社会需求分析

2009 年，国务院发布《关于进一步促进广西经济社会发展的若干意见》，明确了广西通过实施"两区一带"的区域发展总布局，实现区域互动、协调发展的思路，使广西的社会经济走向发展的快车道。百色作为"两区一带"的桂西资源富集区的核心城市，经过多年的蓄势，也已进入待发的阶段，由此也带来了对人才的极度需求。在广西重点发展的"14 +4"产业人才中，急需冶炼、焊接、钳工、电工、机修、检验、机械操作、数控机床操作、装配、维护、新材料加工等方面的高技能人才。广西的"十二五"规划中，明确了百色要重点打造全国重要的铝工业基地。要达到这个建设目标，至 2020 年，百色的高技能人才占技能劳动者的比例要从 2009 年的 14.9% 提高到 26%，在有色金属及其产业链、电力、石化、交通运输、建材、机械等方面急需的紧缺专门人才将达到 1.5 万人。社会对冶炼、建筑、机械等方面高技能人才的需求，为学院建设"建筑工程技术""汽车检测与维修技术"等特色专业创造了契机。除此以外，为解决区域经济发展不平衡等"两区一带"建设发展所面临的问题，要把积极融入泛珠三角的经济合作，作为拉动广西经济的一个手段。珠三角的产业转移和珠三角的外向型加工企业，都需要大量的能源、原材料和人力资源，而向珠三角地区输出劳动力，长期以来也是百色等贫困地区为农民脱贫的一个手段。学院肩负着帮助广大大石山区农民脱贫致富的期许，有目的地开办与冶炼、加工、机械、电子等行业相关的专业，使之对接珠三角经济，为珠三角产业转移输送技能型、操作型的人才，培养和提高赴粤农民工的素质和技术，也就成为可能和必须。

2. 自身优势

一直以来，市委、市人民政府大力支持学院工作，动员全市各级各部门和社会各界群策群力，投入大量的人力、物力和财力支持学院的创建工作。至2012年，学院的建筑面积近10万平方米，其中实训基地建筑面积1.5万平方米。经过多年的积淀，学校在招生、专业教学、实习实训、就业指导等方面都积累了一定的经验。目前，学院高职部分的机电一体化技术、材料工程技术专业是中央财政支持重点建设专业，其中，机电一体化技术专业是自治区级高校优势专业；中职部分的汽车运用与维修专业为自治区级示范性实训基地专业，机电技术应用专业是自治区级示范性专业。学院在电气、材料、机械等专业有着较雄厚的师资，在电工、车工、焊工、制冷设备维修、电子装配等方面的教学和培训上有着一定的经验和特长，为打造优势专业和特色专业创造了条件。

3. 可获取资源

学院位于百色市城东澄碧河畔，依山傍水，绿树成荫，环境清雅，是莘莘学子汲取知识、习练技能的最佳场所。学院校园占地160多亩，拥有办公楼、教学楼、实训楼、学生公寓、运动场等完善的教学设施，拥有计算机室、图书馆、多媒体室、实验室、实训室等教学辅助机构，并与广西电力职业技术学院签订帮扶协议。广西电力职业技术学院在教师培训、专业建设与课程改革、教学与学生管理、人才培养水平评估、联合培养学生等方面对学院进行对口支援。学院与区内外企业有着良好的合作关系，在企业中设立了15个实训、实习基地，可以按照企业的需要实行"订单办学"。学院具有高职和中职的教学体系，经过整合，充分利用教学资源，减少了管理环节，极大方便学生从接受中职教育向接受高职教育的对接，减轻了学生的负担。政府和其他部门还在学校设立了多个培训基地，学院的职业技能鉴定所、技能鉴定培训中心已具有多个工种的持证考试、鉴定资格。

4. 可行参照系

我们选择广西机电职业技术学院作为学校发展定位检测的参照系，同时也作为学校 2020 年前发展定位的标杆。

广西机电职业技术学院是一所以机电类专业为核心、培养高素质技能型人才的高职院校，是"国家示范性高职院校建设计划"重点培育院校、全国首批"国家示范性高职院校建设计划"骨干院校。其机械类和电气类专业的综合实力和教学水平及毕业生就业能力在广西高职院校中名列前茅。该校所开设的 50 多个专业中，教改试点、优质专业和特色专业就有 30 余个。该校通过质量管理标准和职业健康安全管理标准认证，创建"职业化三级递进"人才培养模式等做法都是我们学习的榜样。

参照广西机电职业技术学院，我们学院要实现发展定位的目标，应该达到以下几项指标：

（1）教师结构进一步优化，"双师型"教师比例要达到 60% 以上。

（2）优质、特色专业要进一步增加，每个大类要有一个以上自治区级优质或特色专业。

（3）拥有两门以上自治区精品课程。

（4）建设实验、实训室 40 个，达到每百人一个实验（实训）室的比例。

（5）毕业生实际就业率达到 90% 以上。

5. 风险分析与控制

任何计划的制订和实施都有风险性，我们规划未来的发展定位也不例外。我们认为，在实施 2012—2020 年发展定位规划的过程中，可能会面临这样的风险：①政策风险。一方面，随着社会经济环境的发展和改变，国家和地方有可能对发展战略和相关政策作适度的调整，重新调整和制定旨在拉动区域经济发展的产业政策；另一方面，国际政治、经济形势的变化以及难以预测的自然灾害等，也会影响政策的持续性和连贯性。这两方面的因素，都可能导致我们目前的发展定位和规划失去政策基础，使我们的基础论证成为空话。②市场风险。这里所说的市场风险，是指国家政策和外部环境没有改变，但基于历史、地理、人文、观念等方面的原因，学校所在的区域经济环境没有得到理想的发展，社会对学校按照发展定位规划培养出来的人才需求不高，学校的服务面向市场很小甚至没有市场。③内部风险。在经济形势利好、有国家政策支持、市场对技能型人才需求量很大的情况下，我们却由于基础设施、师资力量、管理水平、教学水平的不足，对发展定位规划实施和执行的力度不够，以至于培养不出足够多的能满足社会需求、能解决自身发展需要的技术技能型人才，不能达到或只能部分达到发展定位规划所制定的办学目标。

我们把政策风险和市场风险归为外部风险。外部风险对我们实施发展定位规划影响是最大且不可控的，我们一方面要密切跟踪和了解国家和地方的经济政策，不断研究区域经济发展对人才结构和培养模式的影响，掌握职业教育和产业发展的方向，紧跟经济和社会发展的步伐；另一方面要做好足够的专业储备，在打造传统专业、特色专业的同时，挖掘自身潜力，在专业建设上适度横向探索和扩展，在合适的时机，适当扩大服务面向，通过上级的帮助和自身的努力最大程度地化解外部风险。相对于外部风险，内部风险的影响是最直接且可控的。其风险的控制需要我们通过科学管理，不断提高教学水平；在赢得社会各方面的支持下，以发展定位规划为指引，加大对基础设施的投入和建设；引进人才，提高师资水平；坚定不移地以就业为导向，优化专业结构，走产学结合之路，培养高素质技能人才。

四、发展阶段

结合学院"十二五"规划，联系实际，学院的发展定位目标分解为两个阶段：

1. 第一阶段：2013—2015 年

（1）学院的招生规模达到在校生 3 000 人，其中高职生 2 000 人，中职生 1 000 人。

（2）加强师资队伍建设，努力培养各级"名师"，力争"双师型"教师的比例达到40%，高级职称的教师的比例达到20%。

（3）扩大校园面积和扩建校舍，力争学校面积再扩大 150 亩，扩建实训大楼、图书馆、实习（实训）基地和运动场。

（4）在建筑工程技术、会计统计与核算、汽车检测与维修技术、机电一体化技术、材料工程技术等五个院级特色和重点专业的基础上，立项建设一个以上的自治区级特色专业。

（5）申报立项建设一门以上自治区级精品课程。

（6）通过自治区高职院校基础实验室合格评估和教育部高职院校人才培养工作合格评估。

2．第二阶段：2016—2020 年

在完成第一阶段任务目标的基础上，实现 5 000 人的在校生规模，达到 2020 年的办学目标和"可行参照系"的五项指标。

五、主要举措

为达到以上目标，主要通过如下举措：

（1）完善教学质量考评机制，进一步提高教学服务质量。

（2）加强师风、教风、学风建设。

（3）加强专业和课程建设。

（4）加强科研工作，提高科研水平。

（5）抓住迎接教育部高职院校人才培养工作合格评估的契机，以评促建、以评促改，评建结合，重在建设。

（6）完善招生就业工作，努力扩大办学规模。

（7）争取上级部门的支持，进一步完善基础设施建设。

我们相信，通过明确发展定位，遵循现代高等职业教育的发展理念，科学优化专业结构，专注特色办学，不断推进教育教学改革，学院定能实现跨越式的发展。

（本文为上报广西壮族自治区教育厅的《百色职业学院 2012—2020 年发展定位规划报告》，作者：黄凯、覃英）

展示农民工风采　提升劳动者技能

2013 年 11 月

　　尊敬的领导们、同志们、农民工朋友们，旨在"展示当代百色农民工风采，提升劳动技能，增强就业竞争力"的百色市第一届农民工技能大赛，在大家的共同努力下，经过选手们一天紧张激烈的角逐，所有赛事已全部结束，现在举行闭幕式。请允许我介绍出席今天闭幕式的领导，他们是百色市人力资源和社会保障局梁向莹副局长、百色市总工会党组成员罗炳义部长、百色职业学院廖和章院长、农乐设副院长、那家法副院长，百色职业学院党委委员、宣传部部长林灿东，组织部部长吴秀林，让我们用热烈的掌声欢迎各位领导的光临！

　　同志们，百色市第一届农民工技能大赛即将落下帷幕。这次大赛取得了预期的效果，一是提高了百色市农民工技能人才队伍素质，提升了就业竞争力；二是选拔了一批作风过硬、技术精湛的农民工技术能手；三是在全市营造了一种重视技能人才的良好氛围；四是展示了全市农民工的技能；五是提供了展示风采的平台，大家同台竞技，切磋技艺，相互交流，相互学习，加深友谊，共同进步。

　　尊敬的农民工朋友们，习近平总书记历来十分关心农民工。2013年 11 月 27 日，他在济南市外来务工人员综合服务中心调研工作时曾经叮嘱地方干部"为农民工服务要广覆盖，在实践中不断完善""贵在坚持"。此次大赛的成功举办，就是百色市各级组织积极落实习总书记指示的具体体现，这归功于市人社局、市总工会、百色职业学院领导的协调配合，凝聚了全体裁判员、所有工作人员的心血、汗水和艰辛付出，得益于每位参赛选手的积极配合。此次大赛得到了百色职业技能鉴定中心、百色市机电工程学校、百色建筑学校、广西右江民族商业学校、百色市财经职业技术学校、百色市交通技工学校、民盟百色市工业职业技术学校、百色市诚凯职业培训学校、百色市酒店服务职业培训学校等协办单位的大力支持。在此，我谨代表大赛组委会表示衷心的感谢！

为期一天的赛事，相聚短暂，友谊长青。等会儿选手们就要返程，希望在今后的工作中，大家继续发扬在赛场上展现出来的那种团结协作、敢于拼搏、永不言输、争当第一的精神，在各自的工作岗位上做出新的成绩！最后，祝领导们、同志们、朋友们身体健康，工作顺利！祝各位参赛选手返程一路平安！

（本文为笔者在百色市第一届农民工技能大赛闭幕式上的讲话）

展示农民工风采　提升劳动者技能

再接再厉　再创佳绩

2013 年 12 月

今天，我们在这里隆重召开百色职业学院 2013 年度学生先进集体、先进个人表彰大会，表彰在过去的一年里涌现出的先进集体和先进个人，在此，我代表学院领导班子及全校师生，向受到表彰的先进集体和先进个人表示热烈的祝贺！

过去的一年，在市委、市政府的正确领导和区教育厅的大力支持下，经过全校师生的共同努力，学院各项工作取得了显著的成绩。教学成绩得到进一步提高，学校管理得到进一步加强，办学水平得到进一步提升，如荣获"2013 年广西壮族自治区高等学校安全文明校园"等称号。这些成绩的取得是学院全体教职员工共同努力的结果，也是学院全体学生遵纪守法、勤奋学习的结果，为此，我代表学院党政领导向全体师生表示衷心的感谢。

今天，我们在这里隆重表彰先进集体和个人，希望获得表彰的同学们，继续保持谦虚谨慎、戒骄戒躁的作风，不辜负党和人民的殷切希望，珍惜荣誉，再接再厉。把我们的爱国之情、报国之志化作开拓进取、再创佳绩的实际行动，为广大青年作出表率。

借此机会，对全校青年学生提几点希望。

一、坚定理想，提高素质，促进个人全面发展

同学们，2013 年是纪念"五四运动"95 周年，也是纪念百色起义85 周年的特殊年份。广大青年学生一定要保持清醒的头脑，树立远大理想，坚定走中国特色社会主义道路，树立正确的世界观、人生观、

价值观。要认真学习邓小平理论、"三个代表"重要思想和科学发展观，践行"中国梦"，努力提高自身的思想政治素质，为学习、工作和生活奠定坚实的思想基础。要坚持解放思想、实事求是，坚持理论联系实际、学以致用，用"中国梦"认识问题、分析问题、解决问题。要树立高度的社会责任感、使命感，发扬艰苦奋斗的精神，按照习近平总书记对青年提出的"青年一代有理想、有担当，国家就有前途，民族就有希望""中国梦是我们的，更是你们青年一代的。中华民族伟大复兴终将在广大青年的接力奋斗中变为现实"等要求，志存高远，正己修德，争做栋梁，为实现党所确定的宏伟目标而努力奋斗。

二、努力学习，勇于创新，争做社会主义事业的开创者和建设者

科学知识是生产力的核心因素，是社会历史进步的决定性力量。社会的需求随着时代的发展、科技的进步而日益显现出多元化、全新化的特点。要学习、终身学习，已成为社会对每一个人的基本要求。青年阶段精力充沛，思维敏锐，是人一生中最好的学习与创造的时期。因此，青年学生要继承和发扬五四青年敢为人先、破旧立新的光荣传统，勇于探索，敢于创新，结合各自的专业，学习各种新知识，不断用人类社会创造的优秀文明成果丰富和提高自己，不断攻克新的难关，攀登新的高峰。

《礼记·大学》云："苟日新，日日新，又日新。"就是说，如果能够一天新，就应保持天天新，新了还要更新。"创新是一个民族进步的灵魂，是一个国家兴旺发达的不竭动力，也是中华民族最深沉的民族禀赋。"习近平总书记指出，"在激烈的国际竞争中，唯改革者进，唯创新者强，唯改革创新者胜。"同学们要勤于思考，勇于创新，争做新知识、新科技的占有者和创造者，为实施科教兴国战略发挥更大的作用。既要学好书本知识，又要积极实践，不断提高自身的综合素质，在实践中成长成才，努力成为知识丰富、眼界开阔、富有开拓精神的社会主义事业的开创者和建设者。

三、加强修养，崇尚文明，努力做良好风尚的传播者和践行者

"立志言为本，修身行乃先"是唐代吴叔达在《言行相顾》一诗中提到的，意思是说，树立志向，誓言是根本；修身养性，行为最重要。一个人在人生道路上究竟能有多大发展，能为人民、为社会作出多大贡献，同自身的思想品德修养关系很大。古人云"修身、齐家、治国、平天下"，阐明了先做人、后做事的道理。广大青年朋友要高度重视自身道德情操的培养，自重、自省、自警、自励。要自觉按照《大学生行为规范》的要求，爱国守法、明礼诚信、团结友善、勤俭自强、敬业奉献，切实加强道德修养，老老实实做人，踏踏实实做事。广大青年要努力提高自身素质，传播社会主义精神文明的良好风尚，努力使自己成为有理想、有道德、有文化、有纪律的社会主义事业的建设者和接班人，成为个人理想信念和全民族理想信念相统一，道德、知识、能力相统一，社会需求和自身实际相统一的新时期大学生。

当前社会竞争激烈，需要全面发展的人才，各用人单位更青睐的是那些专业技能好、个人能力强的人才。希望全院青年能科学地做好适合自身特点的职业规划，在学好专业知识的同时多参加学院组织的各项活动，通过活动来锻炼个人能力，提早树立就业意识，着力加强自身的就业能力培养。

"虚心使人进步，骄傲使人落后"是毛泽东同志曾经说过的话。希望今天获奖的同学要珍惜荣誉，谦虚谨慎，戒骄戒躁，"百尺竿头，更进一步"，牢记"逆水行舟，不进则退"这一道理。没有获奖的同学也不要灰心，要及时总结不足，努力向身边优秀的同学靠拢。也希望全院同学都能谨记学院校训"厚德强技，百色人生"，发扬良好学风，养成良好的学习、生活习惯，为实现学院"十二五"规划添砖加瓦。

祝同学们学习进步，身体健康，学业有成！谢谢大家！

（本文为笔者在百色职业学院 2013 年度学生先进集体、先进个人表彰大会上的讲话）

齐心协力　共同圆梦

2014 年 2 月 24 日

　　根据会议的安排，结合百色职业学院的工作实际，结合第二批深入开展党的群众路线教育实践活动的工作安排，下面就本人分管和联系的部门工作讲几个问题。

一、学生思想政治工作

　　围绕百色职业学院深入开展党的群众路线教育实践活动，做好工作部署，有条不紊地开展工作；继续开展"安全文明教育月"活动；组织学生开展德育教育、安全教育活动，全面提升学生思想道德素质和安全防范意识；开展形式多样、内容丰富的校园文化和体育活动；开展"文明班级""文明宿舍""示范寝室""示范教室"评比活动，努力打造良好的班风、学风，营造良好的育人环境；加强班主任、辅导员队伍建设，不断提高他们的业务水平和工作能力；抓好宿管员队伍管理，努力提高管理水平，树立服务意识，提升应对突发事件的能力；做好大学生心理健康教育工作；落实好各种资助惠民政策，多为学生办实事、办好事。

二、学院安全保卫工作

　　督促各部门、系部与学院签订安全责任状（尤其是创建安全文明校园材料，从现在抓起。顺便通报，2014 年 1 月 23 日，在自治区综治办、高校工委、教育厅联合下发的全区高等学校安全文明校园名单上，百色职业学院榜上有名）；继续邀请法制副院长到校进行法制安全演讲；持续开展校园安全隐患大排查和收缴管制刀具活动；联合学工处、团委、中职办公室等部门，以教学班级为单位，开展以"珍爱生命，安全第一"为主题的班会、团会等活动，尤其是 5 月至 7 月份，保卫处必定派出专门人员加大巡视力度，严禁学生私自下河游泳；定期或不定期举行消防知识讲座和师生逃生避险现场演练，提高师生安全意识，掌握遇险逃生技能。

三、技能培训与成人教育工作

技能培训中心工作包括安全生产培训、定点培训、职业技能鉴定培训考证及农民工培训等。安全生产培训：力争完成 300 人左右的从业人员安全资格培训。定点培训：注重校内和校外企业培训相结合，加大与各类职业学校、各县区的合作，争取完成 200 人以上的合作培训。职业技能鉴定培训考证：分校内学生和校外人员两大类，校内学生职业技能鉴定及培训 150 人左右，校外人员职业技能鉴定 800 人左右。农民工培训：力争年底完成上级下达的培训任务。在成人教育工作方面，完成 2011 级函授毕业生成绩、资料汇总报送工作；完成 2014 年函授大专的招生宣传、入学考试组织及录取工作；完成 2012 级、2013 级函授生面授工作。

四、联系电气工程系工作

加大专业建设力度，积极探索校企合作途径；稳妥推进 2011 级学生就业工作；以教案、课件、论文评比为切入点，促进本系教师专业水平提高；申报一个教改立项课题或一个精品课程，提高系骨干教师教育教学水平；搞好本系与校外实训基地建设。

以上讲话，如有不妥，恳请领导和同志们批评指正，最后以覃书记、廖院长的讲话、指示为准。谢谢！

（本文为笔者在百色职业学院 2014 年新学年全体教职工大会上的讲话）

趣味体育运动　快乐健康成长

2014 年 5 月 8 日

　　五月的百色，鲜花盛开，在这醉人的季节，在这宝贵的时光，我们迎来了百色职业学院第二届趣味体育运动会。在此，请允许我代表学院党政领导班子，向这次运动会的成功举办表示热烈的祝贺；对在运动会筹备过程中付出辛勤劳动的全体工作人员表示衷心的感谢。

　　近年来，百色职业学院在上级领导的关心支持和各方的共同努力下，办学条件逐步改善，教学质量稳步提升，社会知名度逐步扩大，各项工作取得新的成效：学院先后获得自治区高等学校安全文明校园、自治区优秀卫生单位、实施国家学生体质健康标准工作先进单位等荣誉，2013 年顺利通过了国家教育部委托广西教育厅的人才培养质量评估。俗话说，逆水行舟，不进则退。成绩属于过去，我们应当展望未来，奋勇直进，继续朝前。我相信，有学院党委的正确领导，全体师生员工的共同努力，学院的各项事业将会取得新的成绩。大家知道，教育的目的，就是让青年学生学到知识，学到技能，增长才干，身体健康，快乐幸福，将来成为对国家、对民族、对社会的有用人才。

　　习近平总书记曾经指出："引导广大青少年继续弘扬奥林匹克精神，积极参与体育健身运动，强健体魄，砥砺意志，凝聚和焕发青春力量，为中华民族伟大复兴作出应有贡献。"同学们，体育活动，从来都是人类社会的兴奋点，更是青年学生张扬个性、展示青春风采的舞台。希望每位运动员要以饱满的激情、昂扬的斗志、必胜的信念，投入本届趣味体育运动会中去，在比赛中赛出风格、赛出成绩、赛出水平。最后，预祝各参赛队、运动员在比赛中取得好成绩！预祝百色职业学院第二届趣味体育运动会取得圆满成功！

（本文为笔者在百色职业学院第二届趣味体育运动会上的讲话）

志存高远　胸怀祖国

2014 年 6 月 6 日

今天，百色职业学院第八次学生代表大会隆重开幕了，这是学院广大青年学生政治民主生活中的一件大喜事。在此，我代表学院党政领导班子向大会的召开表示热烈的祝贺，向各位代表表示热烈的欢迎，向全院学生致以亲切的问候和良好的祝愿，向莅临大会的各位老师、来宾、同学表示衷心的感谢！

开好这次大会，对于学院进一步团结和带领广大青年学生，弘扬"五四"爱国主义精神，积极投身于当今全面深化改革的社会实践中，培养和造就一大批符合时代发展要求的高素质人才，具有十分重要的意义。

学生会是学院团委领导下的先进青年学生组织，是学院党团组织联系青年学生们的桥梁和纽带，学生会肩负着团结、凝聚青年学生的神圣责任和光荣使命。"党有号召，团有行动"是共青团的光荣传统。几年来，在学院党团组织的正确领导下，学院各级学生组织团结广大青年学生，在配合学院开展的理想信念教育、引导学生走正确的成才道路、提高青年学生综合素质、完善大学生民主生活、繁荣校园文化活动中，作出了突出贡献，取得了喜人的成绩。学院党委高度重视学生工作，希望通过团委、学生会逐步厘清学生工作思路，增强在校大学生积极参与学院民主管理的意识，提高学生自觉管理自己的能力，充分发挥党、团组织和学生会在学校管理工作中的作用。

当前，学院各项事业正处于大发展的关键阶段，学院的发展与在校青年学生的成长息息相关，新的形势，对学院各项工作提出了新的、更高的要求。为此，借这次大会召开之机，我向大家提几点希望。

一、牢记自身责任，争取全面发展

2014年"五四"前夕，习近平总书记在北大考察时指出，青年人要自觉践行社会主义核心价值观，努力做到：一是要勤学，下得苦功夫，求得真学问；二是要修德，加强道德修养，注重道德实践；三是要明辨，善于明辨是非，善于决断选择；四是要笃实，扎扎实实干事，踏踏实实做人。总书记的讲话全面概括了新一代大学生应具备的基本素质和能力，是国家对当代大学生全面发展的基本要求。

大学生是国家未来事业的建设者，是振兴中华民族的希望，肩负着光荣而艰巨的历史使命。对你们而言，学习科学知识，就是学好专业知识，掌握专业技能，学好本领；学习之余，希望有更多的同学能加入学院各类学生社团中去，让青年学生从中积累知识，掌握技能，发展能力，培养过硬的心理素质，真正实现自身全面发展。

二、心存高远志向，注重品德修养

《诸葛亮集·诫外甥书》中写道："志当存高远。"就是说，一个人的志向应该高尚远大。有大志者，方能成大器。习总书记曾经谆谆教导我们："要牢记'从善如登，从恶如崩'的道理，始终保持积极的人生态度、良好的道德品质、健康的生活情趣。"思想进步、政治坚定、品德高尚、知识丰富、健康向上、文娱活动丰富多彩，有利于青年学生修德养性，陶冶情操。希望学生会积极探索各种形式的校园文化活动，努力拓展校园文化活动的广度和深度，使学生在活动中接受知识，提高品位，增长才干，努力营造积极向上、有利于学生成长成才的校园环境。

三、勇于社会实践，重视能力提高

清代诗人、理论家袁枚在他的《续诗品·尚识》中有"学如弓弩，才如箭镞"的名句，说的是学问的根基好比弓弩，才能好比箭头，只有依靠厚实的见识来引导，才可以让才能很好地发挥作用。学习、实践、锻炼是大学生了解社会、开发潜能、施展才华、锻炼自我、提高能力、练就过硬本领的一种有效途径，对提高广大学生的综合素质具有不可替代的作用。多年来，学院的社会实践经验证明：只有了解社会，才能担当责任；只有敢于实践，才能得到锻炼。今后，学院将为广大学生的社会实践活动创造必要的条件，希望学生会要积极配合共青团组织做好此项工作，使实践活动与当前社会各项事业发展相结合，与青年学生成长的现实要求相结合，与学院的进步发展相结合。我真诚地希望各位同学，以这次学代会为契机，树立敢作为、敢担当的理念，大胆探索，勇于实践，在实践中成长，在实践中提高。

四、完善机构，发挥潜能

学生会是学生中的先进青年组织，是学生实践自我管理、民主管理的常务机构。当前，最为迫切的工作是完善学生会职能。只有挖掘其最大潜能，才能真正地使学生会成为学生的精神家园、生活乐园，让一批学生干部得到锻炼，使广大同学受益。同学们，学生代表大会是广大同学参与学院管理、增强民主意识、加强学生自治的重要渠道；是学院与广大同学之间进行沟通的重要途径；是广大学生维护自身合法权益的重要手段。学院希望各位学生代表能够认真向广大同学传达这次学代会的精神，充分发挥学生代表的桥梁、纽带作用，使学生会发挥出最大的功能。

同学们，你们是新一代的主人，肩负着家长的期盼、老师的厚望、国家的未来，希望你们坚定信念，以饱满的精神、高昂的斗志，努力学习，练好本领，将来报效国家。

最后，预祝此次学生代表大会圆满成功！

（本文为笔者在百色职业学院第八次学生代表大会上的讲话）

对提升百色市高职院校办学质量的思考

2014 年 10 月

　　2014 年 6 月下旬，习近平总书记就加快职业教育发展作出重要指示。他强调，职业教育是国民教育体系和人力资源开发的重要组成部分，是广大青年打开通往成功、成才大门的重要途径，肩负着培养多样化人才、传承技术技能、促进就业创业的重要职责，必须高度重视、加快发展。这深刻阐明了当代职业教育改革的攻坚方向和重点举措，对促进高职教育事业科学发展，努力办好广大人民群众所关注、所期盼、所向往、所满意的高职教育，具有极其重要的指导意义。时至今日，高职院校的发展，已经从过去的外延式规模扩张，发展到如今建设重在内在品质、重在特色、重在提升内涵建设的一流院校上来。在高等教育大众化和高职教育深化改革、走内涵发展之路的探索中，既遇到良好的机遇，也面临着严峻的挑战。百色职业学院作为百色革命老区唯一的一所高等职业院校，一直以来，肩负着培养百色高素质劳动者和技术技能型人才的重任。在当今社会转型中，如何紧紧围绕百色经济社会发展，围绕建设好"五个百色"来设置专业，适度扩大学生规模，注重提升学院内涵建设，着力办好百色市高职院校，是我们必须认真分析、仔细探究的战略性课题。

一、百色市高职院校办学现状分析

　　百色职业学院成立于 2006 年初，是经广西壮族自治区人民政府批准，国家教育部备案，由百色市人民政府主办、管理，业务上受自治区教育厅指导的公办全日制普通理工类地方性高等职业院校。学院开设八大类 25 个专业，设有"国务院扶贫办劳动力转移培训示范基地"等 16

个基地，设有实验室、实训室 42 间。百色职业学院办学至今，存在不少困难和问题。一是生源绝对数量减少。近年来，广西实行统一高职高专录取最低分数线，百色市分数线内的考生很少选择本地职业院校就读。同时，地方职业学院因地缘位置、办学条件差等方面的影响，招生难度大。二是办学经费投入不足。自治区、国家划拨的公用经费、专项经费少，本地财政投入不足，学院生源不多，收费不高，加上历年欠款、贷款累积，债务繁重，办学困难。三是学生实习、实训设备简陋、紧缺。因为是地方性高校，进入国家、自治区的盘子项目不多，地方财力投入有限，学院自身又无力投入购置实习、实训设备。近几年，仅有少量几个专业可供学生实习、实训。四是专业教师相对紧缺，尤其是"双师型"教师缺乏。现行的人事制度让学院很难招进企业、行业经验丰富的"双师型"教师，学院自身财力吃紧，无力聘请。五是办学特色不够彰显。办学时间短，开设专业与其他职业高校雷同，文化底蕴浅，未真正形成自己的办学特色，知名度不高，吸引力不够强。

二、提升百色市高职院校办学质量的策略

针对百色职业学院发展现状及存在的问题，必须围绕百色广大人民群众，围绕百色经济社会发展，围绕建设好"五个百色"（即富裕、幸福、魅力、生态、和谐）目标，下力气抓学院内涵建设，着力办好职业学院，为百色培养更多的高素质劳动者、技术技能型人才。

（一）围绕地方发展，明确提升定位

随着中央深入实施西部大开发战略，根据国务院《关于进一步促进广西经济社会发展的若干意见》的精神指示，明确广西实施"两区一带"区域发展总布局，广西社会经济发展步入快车道。百色作为集革命老区、少数民族地区、边境地区、大石山区、贫困地区、水库移民区"六位一体"的特殊区域，依托资源和地域优势，制定实施"四地一带一枢纽"的发展战略，建设百色城东新区的计划正在加紧推进。这是百色市加快发展的"黄金时期"，此机遇前所未有，对人才的需求尤为迫切，对技术技能型人才需求极大。广西的"十二五"规划，明确提出重点打造全国重要的铝工业基地，百色高技能人才占技能劳动者比例要从 2009 年的 14.9% 提高到 2020 年的 26%，有色金属及其产

业链、电力、石化、交通运输、建材、机械等方面急需的紧缺专门人才将达到 1.5 万人。珠三角产业转移和珠三角外向型加工企业，需要大量能源、原材料和人力资源。这些为学院建设机电、材料、数控等多个特色专业创造了契机。待条件成熟，尝试涉足本科层次教育，使若干专业达到或接近广西乃至国内高职院校先进水平，部分学科进入"区域领先、特色鲜明的应用型高等学校"行列。

（二）立足自身优势，打造特色品牌

一是确保优势特色专业。学院高职部分的机电一体化技术专业和材料工程技术专业是中央财政支持重点建设专业，其中，机电一体化技术专业是自治区级高校优势专业；中职部分的汽车运用与维修专业为自治区级示范性实训基地专业，机电技术应用专业是自治区级示范性专业；学院在电气、材料、机械等专业有着雄厚的师资，在电工、车工、焊工、制冷设备维修、电子装配等方面的教学和培训上有特长，为打造优势专业和特色专业创造了条件。二是开设热门、前景好的专业。以特色专业建设为抓手，致力打造、建设与现代化工业及与当地着重发展的生态铝产业对接的机电一体化、材料工程、建筑工程、汽车检测与维修技术等特色专业和重点专业，根据社会发展需要，增设急需的、就业前景广阔的专业。三是依托"一所七基地"建设。即依托百色职业学院作为国务院扶贫办劳动力转移培训示范基地、广西贫困村屯贫困家庭子女职业教育工程培训基地、广西人社厅劳动力培训品牌基地、百色市安全生产培训示范基地、共青团百色市委就业创业培训基地、百色市残疾人职业培训示范基地、百色市微型企业孵化园实践基地等基地建设，开展多种形式的职业技能培训，综合利用现有资源，充分发挥社会服务功能，展现开放性特色品牌。

（三）完善设施建设，助推提升质量

一是历年投入有成效。从创办至今，学院建筑面积得到扩大，实训基地面积增加，实验设备总价值提升。二是借评建经费助提升。2013年底，国家教育部委托自治区教育厅对百色职业学院"普通高等学校基本办学条件"进行核查、评估、验收。借此，学院争取到市人民政府划拨的评建经费，争取到中央、自治区财政及教育厅支持，完善了一批硬件设施。三是争取开辟新校区。随着百色城东新区的开发，百色城内的百色学院、右江医学院等高校、单位纷纷在城东落户。考虑到百色市将来经济社会发展对人才的需求，结合学院实际，争取市委、市政府的支持，在百色城东划出地块作为新校区。四是争取多元投入办学。

（四）诚交合作伙伴，携手联合办学

一是校企合作办学。在企业中设立实训、实习基地，按照企业需要实行"订单办学"。二是研究合作办学体制机制的建设与创新。加强校际联合办学，与全国重点高职院校、广西省内高职院校签订帮扶、联合办学协议，在教师培训、专业建设与课程改革、教学管理、人才培养等方面助推提升，形成互利合作的长效运作机制，全面实现开放办学。三是挖掘自身潜能办学。利用已有的教学体系和教学资源，进行探索改革。同时，使所设立的多个培训基地，如学院职业技能鉴定所、技能鉴定培训中心具有持证考试、鉴定资格功能。

（五）深化内涵建设，提升办学质量

一是完善建章立制。修订并完善党政、学生、教学科研等各项管理制度，促进学院管理工作走上规范化、科学化轨道。二是打造"双师型"教师队伍。多与兄弟职业院校交流、探讨，多到企业见习、跟班学习，熟练掌握操作技能，指导学院实训教学；每学年，从高校、企业、相关行业等引进经验丰富的"双师型"教师。三是抓教师队伍建设。加强师德师风建设，加大教师培训工作力度，建立并完善教师队伍培养、培训的长效机制，提高教师综合职业素养，提升实践教学能力。四是深化教学改革。完善人才培养方案、教学基础文件及课程标准指导性意见；成立各专业教学团队，选拔专业带头人，正常开展专业建设工作；开展专业深度剖析教学，推进专业建设；开展教师说课比赛，以赛促教，以赛促学，提高教师教学及专业水平；整合专业实验实训室，优化教学资源，实现效益最大化。五是深化人才培养模式、课程体系、实践教学体系、教学方法与手段等改革，提高人才培养质量。

（本文发表于《广西教育》，2014 年第 10 期）

耕耘与收获

2014 年 12 月 30 日

本人分管学院学工、安全保卫、团委、职业技能培训与成人教育及联系电气工程系工作。一年以来，服从学院党政领导安排，履行职责，努力做好分管及分内工作，顺利完成各项任务，现总结如下。

一、加强政治理论学习

通过报纸、杂志、电视、网络、学院党委中心组织集中学习等形式，学习相关文件、法规以及习近平总书记的一系列重要讲话精神，进一步坚定理想信念，增强党性观念，树立服务意识，提高综合素质。

二、抓好分管及联系部门工作

（1）抓好学生思想政治教育及安全保卫工作。开学初，对学生的思想教育工作进行部署，举行安全排查、逃生疏散演练、安全知识专题讲座等活动，增强师生的法纪意识，不定期进行安全大检查，收缴管制刀具、大功率电器等；加强校园内部治安管理，强化保卫人员职责，加大值班、巡逻力度，注意安全隐患排查，发现问题，限期整改；加强校园及其周边治安综合治理，教育学生不得私自下河游泳；抓常规管理，强调学生养成文明礼貌习惯；完成资助工作，春季发放国家助学金 51.75 万元（345 人），秋季发放国家奖学金、国家励志奖学金、自治区人民政府奖学金、国家助学金 86.67 万元（450 人）；畅通绿色通道，为 163 名贫困学生办理先入学、后交费的手续；发放勤工助学金 23 473 元（54 人）；

完成中职生助学金及免学费发放；进行大学生心理健康教育，促进其身心健康；对836名大学生进行国防教育和军事训练，协助学院开展校园卫生整治，学生推优、评优等工作。

（2）技能培训与成教工作。完成电焊工、维修电工等工种共2 689人的鉴定任务，1 330人完成了各项培训，完成35期共1 900多人的职业技能鉴定补贴材料整理上报（申报补贴金额达60万元），协助市安监局完成12期安全生产考试工作，加强对实验实训设备的管理，做好机加工实习车间的学生实习、实训指导，完成中、高职学生共356人的实习任务，做好成人教育及对口衔接，完善档案管理等工作。

（3）团委工作。坚持党建带团建工作，派团干部到上一级部门挂职锻炼；重视对学生会、学生社团等学生组织的指导，培训300名学生干部；组织150名学生干部学习习近平总书记在北京大学视察时的讲话精神；分别与腾讯、新浪等公司合作开设校团委官方微博，由150名学生担任网络宣传员；为500多名女生举办"魅力女生•美丽人生"的女生节游园活动，邀请右医附院的专家进行健康知识讲座；举办"我们的节日——清明节"祭扫英烈活动；开展以"走下网络、走出宿舍、走向操场"为主题的群众性健身活动，举办百色职业学院第一届环校越野赛、"百色网杯"校园十大歌手比赛、"心怀感恩"演讲比赛、迎新生文艺晚会等；组织103名优秀大学生参加百色市右江区"关爱农民工子女"、三大高校"红城高校联盟，绿色环保接力"的保卫母亲河等活动，让同学们参与社会实践，从中得到锻炼。

（4）联系电气工程系工作。整合实训基地，对实训室进行重新布局，优化设备利用；完善实训基地的安全、卫生、设备器材等管理制度；探索课程体系改革，加大人才市场调研力度，提升实训教学比例，提高学生实践动手能力，优化教学内容改革，重视教学的基础性、应用性和前沿性；狠抓师资队伍建设，以教改为抓手，通过"国培""区培"平台提高教师业务水平，如申报了三个区级教改课题。

三、到广州挂职学习工作

在挂任广州城市职业学院学生工作部副部长，任挂职班级宣传委员期间，本人努力做到主动学习，提升自我，以学院图书馆、阅览室为平台，学习、掌握广州经济社会等有关情况，通过浏览广州城市职业学院网站以及翻阅相关材料，加深了解该院办学状况，从而获取知识，提高自我；主动参与所在挂职单位重大教育教学活动，出席全国及广州市相关教育会议；作为百色职业学院代表，本人先后参加了广州市属高校学生工作专业委员会 2014 年年会、在广州番禺职业技术学院召开的全国职教校际协同发展联盟工作联席会议（全国 11 所高等职业院校领导、专家出席了会议）；协助管理学生工作日常事务，比如到广州城市职业学院挂职的第三天，随李训贵校长到五个校区检查和指导"平安校园"建设工作，参与该院各项教育教学活动 16 次；主动对广州企业、城镇、街道及人文等方面进行调研，先后随隆林各族自治县人大常委会领导、挂职班委到广州花都区、佛山南海区、深圳市等地考察调研企业经营、城市建设、园林绿化等；主动参与挂职班级各项重大活动，参加挂职班级体育活动，参与陈开枝主席的座谈会，考察调研广州各方面情况；积极协助班级党支部、班委出好班刊（本人先后在班刊、百色职业学院网站发表文章 17 篇、照片 62 张）。

四、抓好廉政建设工作

认真对照党风廉政建设责任制要求，加强反腐倡廉相关理论学习，研读相关法律条文以及习近平总书记就有关廉政建设的系列讲话精神；抓好分管部门党风廉政建设，开展经常性党风廉政教育活动，增强勤政为民的宗旨观念；自觉遵守党员干部廉洁自律各项规定，按照规定严格要求自己，不收受贿赂，不收受各种礼品、礼金、有价证券和支付凭证等，不用公款宴请消费，不出入娱乐会所，没有出现利用职务之便报销个人费用及利用公款外出旅游、度假等情况，按照上级有关文件要求进行自查，不存在违反规定的情况。

（本文为笔者 2014 年工作总结）

新学年　新梦想

2015 年 2 月 21 日

大家好！根据会议要求，下面我将与大家交流我分管的工作，请指正。

一、学生工作

以系为单位对学生宿舍进行相关调整，全力推进学生宿舍管理；完善相关制度，进一步规范学生宿舍行为；加强常规教育管理，特别是安全教育与防治工作，加大对违纪学生的教育和奖惩力度，营造良好的育人环境；加强班主任、辅导员队伍建设，完善班主任、辅导员考评办法，调动其工作积极性；做好学生信用助学贷款管理工作、学生服义务兵役补偿与代偿工作、毕业生边远代偿工作、学生勤工俭学管理工作、春季学生国家助学金等涉及学生奖助补方面的工作。

二、安全与维护稳定工作

做好开学初安全与维稳工作，召开安全教育大会；每月与学工处至少组织一次宿舍安全大检查，收缴管制刀具和大功率电器；加强节假日期间的安全保卫工作；10 月份安排高职新生军训；同时，学年开始就注意对"安全文明校园"评估材料的收集和整理。

三、技能培训与成教中心工作

重点抓职业技能鉴定培训考证、安全生产培训、定点培训及农民工培训。拟对学院 2013 级各专业学生进行相关工种的职业技能鉴定；力争完成 1 000 人左右的校外人员职业技能鉴定；抓好农民工培训，按时、按质、按量完成好上级下达的培训任务；将校内培训和校外企业培训相结合，加大与其他职业学校及各县区的合作，计划完成 100 人以上的合作培训任务；加大对本校及其他学校在校生的培训力度，力争完成 150 人左右的安全生产特种作业资格培训任务；协助市安监局在学院举办安全生产考试组织工作；继续与市安监局联合在学院筹建百色市安全生产考试中心；联系电气工程系工作。以上讲话，以覃书记、廖院长指示为准。

（本文为笔者在 2015 年新学年学院全体教职工大会上的讲话）

第三编

评估示范

群策群力 以评促建

2013 年 3 月 5 日

受国家教育部委托，自治区教育厅将在今年年底对百色职业学院进行国家级人才培养、基本办学条件核查评估。为此，学院上下齐动，群策群力，对照有关核查评估标准要求，逐项落实，稳步推进，迎评各项工作有序开展。

一、完善办学条件

学院办学基础薄弱，经费困难，投入有限，基本办学条件部分指标未达标。2012 年以来，学院多方努力，争取到市政府拨付迎评专项经费 200 万元，争取到中央财政支持建设高等职业学校专业项目 425 万元、自治区教育厅支持建设汽车运用与维修专业示范性实训基地项目 150 万元、自治区财政支持建设机电一体化专业实训基地项目 150 万元，学院自筹 164 万元，商家垫资 250 万元，相继建成语音室、校园网、汽车运用与维修专业示范性实训基地等八个项目，极大改善了办学条件。

二、搞好内涵建设

教学工作是人才培养工作的核心，为此，学院出台人才培养方案，成立 16 个专业教学团队，选拔、聘请 24 个专业带头人，开展专业剖析，举办教师说课比赛，以赛促教，以赛促学，整合专业实验、实训室，优化教学资源，申报 3 个省级课题，仅 2013 年就有 50 篇论文在自治区级以上刊物发表；加强人才培养，使高级专业技术人员从 2012 年的 22 名增加到 2013 年的 25 名，选送 19 人（次）到区内外高校、企业培训学习；注重人才培养工作状态数据采集平台建设，完善部门档案管理；强化招生举措，争取教育部、自治区教育厅同意，协调有关省区，首次获准在湖南、重庆、四川、陕西、甘肃、新疆等十个省区完成招生计划指标，共招收 465 名大专生；重视产学合作，学院组队赴广东、北海、钦州等地，联系企业，深度合作，开展人才培养，先后与广西大学、桂林电子科技大学等高校，以及北部湾四家大型企业、柳州五菱东风企业集团等 20 多家企业签订合作办学协议。同时，充分利用国务院扶贫办认定百色职业学院作为广西唯一一个农村劳动力转移培训示范基地这一资质，每年培训劳动力超过 3 000 人。

三、学习评建经验

把握评估内涵是做好迎评工作的前提，工作中，学院先后邀请自治区教育厅评估办专家到校开展评建专题讲座，指导评建事宜。对口帮扶单位——广西电力职业技术学院主要领导亲自带队到百色职业学院进行对口帮扶，派专家开展专业剖析专题讲座，作深度访谈指导，传授专业建设经验。百色职业学院先后组队到柳州城市职业学院、广西工程职业学院等院校观摩基本办学条件评估过程，实地考察实验、实训室建设，对口交流，学习评建工作经验。

四、规范管理制度

学院以此次评估为契机，梳理、修订、完善管理各项制度，并印制成册，下发各处室。平时，注重抓学生思想教育，完善学生资助体系，开展心理健康咨询教育，改革学生管理的旧模式，实行高职、中职学生分类管理，解决学生管理难点；对学院教职工实行绩效考评，出台《百色职业学院教职工考勤管理试行办法》《百色职业学院奖励性绩效工资分配试行办法》等办法，严格出勤考核，奖勤罚懒；同时，加强师德师风建设，开展向韦寿增同志的先进事迹学习等活动，在2013年教师节期间，表彰一批先进集体、先进个人。

五、保障校园安全

学院地处城乡接合部，周边环境复杂，校内有全日制学生，有农民工短训学员，素质参差不齐，管理难度大。为此，学院开展"校园安全管理年"活动，建立安全维稳工作机制；学院领导、中层干部轮流值班，巡查督促，对不稳定苗头，通过交心、谈心，替他们排忧解难，解决实际问题，从而调动教职工的工作积极性；对待遗留问题，学院积极向上级有关部门汇报，并得到及时稳妥处理。近三年来，学院连续荣获自治区教育厅"全区高校安全文明校园"称号。

（本文为百色职业学院迎"人才培养、基本办学条件"核查评估工作侧记）

培养技能人才　助推老区发展

2014 年 5 月 28 日

澄碧河畔，浪奔潮涌；后龙山麓，桃李芬芳。这里矗立着一座现代化的花园式校园，绿树成荫，环境清雅，是莘莘学子汲取知识、习练技能的最佳场所。这就是在红土地上崛起的快速发展中的名校——百色职业学院。学院是于 2006 年 3 月经自治区人民政府批准、国家教育部备案的公办全日制普通高等职业学校，是在整合百色市民族工业中等专业学校和百色市机电工程学校两所中等专业学校的教育资源基础上成立的以工科类为主的高等职业院校。学院的成立，结束了百色革命老区没有高等职业院校的历史。学院除了开展高职教育培养之外，同时还兼顾中职教育和职业技能培训，学院目前共开设八大类 25 个专业，共有实验室、实训室 42 间。目前学院以内涵建设为重点，特色专业建设为抓手，重点建设和致力打造与现代工业和当地重点发展的生态铝产业对接的建筑工程技术、会计统计与核算、汽车检测与维修技术、机电一体化技术、材料工程技术等五个校级特色专业和重点专业，并根据社会发展的需要，逐次按计划增设社会急需、就业前景广阔的专业，打造以五个校级特色和重点专业为主体的专业群体系，进入"区域领先、特色鲜明的应用型高等学校"行列，逐步实现"创高职名校，育技能精英"的办学目标。2013 年 12 月，百色职业学院顺利通过国家教育部委托自治区教育厅组织的办学合格评估验收。

一、育通博致用之才

百色职业学院坚定发展高等职业教育，努力发展中等职业教育，扩大发展劳动力技能培训。积极开展劳动力转移培训工作，切实为百色当地经济社会发展服务。百色职业学院是国务院扶贫办在广西设立的唯一一个农村劳动力转移培训示范基地，是自治区贫困村劳动力转移就业培训基地，是自治区人力资源与社会保障厅劳动力培训品牌基地，是百色市安全生产培训示范基地。学院对学生实行毕业证、职业技能等级证的双证书制度，根据高职教育的特点，突出学生的专业技能操作。根据百色市脱贫致富和经济发展对技术技能型人才培养的要求，调整和制定各层次教育的专业方向、培养目标，培养出了一大批有知识、有技术、能下去、用得上的应用技能型人才，成为百色市高举"工业立市、科教兴市"大旗、努力实现跨越式发展的又一个人才支撑点。同时利用学校地处滇、黔、桂三省（区）交界的地理优势，努力打造学院品牌，增强学院的影响力，招生半径扩大到周边省份的相邻地区，延展服务面，服务区域经济社会发展。

二、与市场共舞，助群雁飞翔

百色职业学院以"责任"为先，致力于帮助学生拥有"会飞"的本领、"起飞"的机会、"高飞"的志向和"远飞"的潜能，着力培养出一批批高素质的技术技能型人才。目前学院将继续秉承"面向市场办专业、面向岗位设课程、面向实践抓教学、面向企业设基地、面向需求育人才"的办学理念，致力于培养与就业市场"零距离"对接的人才，架设既通向各种就业岗位，又通向各层次学历教育的立交桥；强化实践教学，拓展校内外实习、实训基地，逐步实现由消费性实习向效益性实习转化，建立集学习技能、培养能力、提高素质于一体的具有高职特色的教学与课程体系。学院正努力探索有地方特色的高职办学模式和人才培养模式，以服务为宗旨，以就业为导向，走产学结合之路。进一步创建和谐的校园环境，组建优秀的师资队伍，构建优化的专业设置，培养高素质的技术技能型人才。正如百色职业学院的校训"厚德强技，百色人生"的寓意一样：让学院的莘莘学子都能德技双馨，人生出彩。

（本文为2014年5月百色职业学院宣传篇，作者：黄凯、许中壮）

第四编

学习心得

弘扬马克思主义群众观点
自觉践行为人民服务宗旨

2013 年 3 月 14 日

习近平总书记在《全面贯彻落实党的十八大精神要突出抓好六个方面工作》报告中指出，我们要坚持党的群众路线，坚持人民的主体地位，时刻把群众安危冷暖放在心上，及时准确了解群众所思、所想、所忧、所急，把群众工作做实、做深、做细、做透。要正确处理最广大人民的根本利益、现阶段群众共同利益和不同群众特殊利益的关系，切实把人民的利益维护好、实现好、发展好。要认真贯彻中央各项惠民政策，把好事办好、实事办实，让群众时刻感受到党和政府的关怀。

全心全意为人民服务，时时处处为人民谋利益，关心人民的疾苦，倾听人民的呼声，有事同群众商量，努力改善人民生活，这就是马克思主义的群众观点。毛泽东主席曾经说过："我们应该走到群众中间去，向群众学习，把他们的经验综合起来，成为更好的有条理的道理和办法。"一切为了群众，一切依靠群众，从群众中来，到群众中去，密切联系群众，一直是我党的优良传统和政治优势。

当前，我国正处于经济发展方式的转变期、社会发展的转型期和利益格局的调整期。随着改革开放的不断深入，市场经济的飞速发展，社会多元化的趋势日益明显，新时期的群众工作面临新的形势和新的挑战。我们党在多年发展历程中形成的重视和做好群众工作的强大传统优势，成为领导革命、建设和改革开放取得成功的力量源泉与根本保证，同时也为做好新形势下的群众工作提供了重要的参考和借鉴。

第一，在思想上牢固树立马克思主义的群众观，坚持党的群众路线。中国共产党以马克思主义基本理论为理论基础和行动指南。坚持马克思主义的群众路线和群众观点，是我们党认识和对待人民群众的基本立场。关于党的群众观点，刘少奇曾指出："一切为了人民群众的观点，一切向人民群众负责的观点，相信群众自己解放自己的观点，向人民群众学习的观点，这一切，就是我们的群众观点。"这个表述全面概括了党的群众观点的主要内容和精神实质，体现了当时作为领导人民进行新民主主义革命的党与人民群众应当保持的基本关系。只有中国共产党拥有如此的性质、纲领、宗旨和理论，才能植根人民、获取力量，才能给人民带来翻身解放的希望。共产党为了人民利益甘愿抛头颅、洒热血的奉献精神，与人民群众"有盐同咸，无盐同淡"的优良作风，也赢得了人民的拥护和支持。

第二，在实践中坚持全心全意为人民服务的根本宗旨，把最广大人民的根本利益作为党的全部工作的出发点和落脚点。全心全意为人民服务的观点，深刻揭示了党的群众观点的目的，是党的性质和宗旨在群众观点中的具体体现。今天，当我们重温雷锋、焦裕禄、孔繁森这些名字时，脑海中就会立刻浮现出"全心全意为人民服务"这句话；当我们为郑培民、沈浩、杨善洲的故事潸然泪下时，也就读懂了什么是"全心全意为人民服务"。坚持全心全意为人民服务的观点，必须把最广大人民的根本利益作为党全部工作的出发点和落脚点，保证党始终与人民群众同呼吸、共命运、心连心。人民是创造历史的根本动力。我们党坚持马克思主义的群众观，坚持全心全意为人民服务的宗旨，始终把实现和维护最广大人民的根本利益作为党的理论和路线方针政策以及全部工作的根本依据，始终深深扎根于人民之中，为中国人民和中华民族的根本利益而不懈奋斗。

第三，在工作上坚持对党负责和对人民负责相一致，实现好、维护好和发展好最广大人民的根本利益。对党负责和对人民负责相一致，深刻揭示了党的群众观点的本质，揭示了对党负责与对人民负责之间的辩证统一关系。从根本上讲，中国共产党是全国各族人民利益的忠实代表，除了人民的利益，中国共产党是没有自己的特殊利益的。因为，中国共产党是中国工人阶级的先锋队，同时也是中国人民和中华民族的先锋队，而中国工人阶级的奋斗方向，跟中国人民的根本利益是完全一致的。因此，对党负责与对人民负责是一致的。每个共产党员自觉地贯彻执行党的路线、方针、政策，完成党交给的各项任务，这既是对党负责，也是对人民负责，二者是高度一致的。

第四，在执政条件下坚持立党为公、执政为民，把密切党群关系作为群众工作的根本来抓。马克思主义政党最大的政治优势是密切联系群众，执政党最大的危险是脱离群众。这是我们党在总结世界各国执政党兴衰成败的经验教训中得出的一个基本结论。党的群众工作之所以重要，就在于党要通过细致深入、有效管用的群众工作，更加深入地了解群众的利益诉求，更加准确地掌握群众的思想动向，从而在制定和实施路线方针政策的实践中，实现、维护和发展人民群众的根本利益，带领人民群众过上更加幸福美好的生活。只有这样，才能进一步密切党与人民群众的血肉联系。因此，党的群众工作的本质就是密切党群关系。历史反复证明，一个政党也好，一个国家也好，得民心则兴，失民心则亡。过去是这样，现在是这样，将来也是这样。任何一个政党、任何一个国家都不能违背这个规律。

第五，始终重视和加强党风廉政建设和反腐败斗争。党的作风关系着党的形象，关系着人心向背，关系着党和国家的生死存亡。反腐倡廉、拒腐防变历来就是党的建设的重要内容。党的十八大以来，反腐败力度不断加大，工作不断深入，惩治和预防腐败体系不断完善和落实，一批重要的国家法律制度和党内法规相继出台，反腐败体制和工作机制不断建立，强调预防腐败的思路更加清晰。可见，我们党自始至终坚持通过加强党风廉政建设，通过反腐倡廉把解决人民群众最关心的问题摆在突出位置，密切与人民群众的血肉联系。

人民群众是水，是河；党是鱼，是舟。人民群众永远是党的智慧和力量的源泉。我们坚信，在以习近平总书记为核心的党中央领导下，新一届中央领导必将始终紧紧地和全国人民在一起，始终保持与人民群众的血肉联系，切实实现好、维护好、发展好最广大人民的根本利益，始终与人民同呼吸、共命运、心连心，在实施科学发展、和谐发展、跨越发展、全面深化改革、实现"中国梦"的进程中，成为全国各族人民的主心骨和领导核心。

（本文为笔者在百色职业学院党委中心组学习专题会上的发言）

践行群众路线实践活动
扎实推进安全维稳工作

2014 年 4 月 11 日

结合当前深入开展党的群众路线教育实践活动工作，以"为民、务实、清廉"为主线，按照"照镜子、正衣冠、洗洗澡、治治病"的要求，我以学院集中专题辅导学习和自学相结合的方式参加了党的群众路线教育实践活动。通过学习，我更加深刻领会了中央的精神，进而在心中查找是否存在群众观念淡泊，服务意识差，漠视群众利益，脱离实际，脱离群众，不善于、不愿意耐心细致做群众工作的官僚主义；是否存在贪图安逸、不思进取、满足于现状的享乐主义；是否存在利用职权吃拿卡要、互相攀比的奢靡之风。通过学习，我认清了同群众思想上不融合、工作上"两张皮"的问题；认清了党员先进性和纯洁性不强、模范带头作用不能很好发挥，基层干部自我要求不严等问题。

我认为现阶段需要解决的主要问题就是：一方面在任何时候、任何场合，要始终明白自己是群众中的一员，要坚持与群众打成一片，时刻牢记"自己也是百姓"，自己和群众都是平等的；另一方面作为学院的一名领导，对自己的要求要高于群众，高于一般教职员工，用自己最好的精神状态、最好的职业操守、最大的努力，用心为学院师生着想，尽力为师生服务，把党的群众路线教育实践活动通过自己的实际工作体现出来。结合自己分管百色职业学院的安全与维稳工作实际，我个人认为，以后应重点做好以下五个方面的工作来确保校园的平安稳定。

一、狠抓内部管理

　　校园地处右江区城乡接合部，围墙不全，为此，要狠抓突发事件应急处置办法，强化应急小分队职责，提高快速反应能力，加强校园的值班、巡逻工作，分片、分区管理负责，进行全天 24 小时查岗、查哨，督促检查保卫队员执勤。对学院重点场所进行昼夜监控，落实物防、技防措施，安装防盗门窗、报警器、摄像头等。对运出校园的物资进行清查、登记，坚持每晚对每栋教学大楼的清查工作，确保安全。门卫严格执行学院会客制度，对个别学生无正当理由混出学校及社会闲杂人员混入学校的现象，给予教育劝阻；对学院建筑工地民工、后勤临时工和教职工聘请的保姆及租住教职工住房的外来人员，进行摸底、清查，登记造册，统一办证挂牌上岗；对进入校园的外来人员实行来访登记，确保良好的校园治安秩序；同时，学院相关部门应积极配合学工处做好学生思想教育工作，把矛盾化解在萌芽中，对违纪学生进行批评、教育，使其知道自己违纪的危害性，改掉恶习，端正态度，过后再跟踪谈话帮扶。

二、拉网排查筛选

　　工作中，注重以预防为主，防消结合，建立健全消防安全规章制度，明确治安、防火责任人职责，调整并充实学院综合治理领导小组成员，坚持"谁主管，谁负责"的原则，一级抓一级，层层抓落实。做到责任明确、制度落实、奖惩分明。经常对全院消防状况进行调查摸底，组织由保卫处、学工处、总务处及各系防火责任人组成的安全防火检查小组对教学楼、图书馆、学生宿舍、教职工住宅区、校园各施工工地等进行拉网排查，对存在消防、安全隐患的地方逐一登记造册，限期整改；对损坏的消防器材进行维修、更新；在教学楼、宿舍各楼层均贴有安全疏散示意图，各专用教室和学院过道都配置了灭火器，学校的消防栓和灭火器数量完全达到规定要求；成立义务消防队，邀请百色市消防部门领导到学院为师生进行消防知识讲解，举行"平安校园、你我同责"消防疏散演练观摩会，开展安全预防演练，特别是逃生演练，每学期都要进行实际演练多次，提高学生的自我救护能力。

三、整治校园周边治安环境

针对学院内多处比较杂乱的地段，尤其是学院后门，当地老百姓利用自家地乱搭、乱建、乱摆卖现象突出等问题，学院领导小组主动配合卫生、公安部门大力对校园及周边摆摊设点、违规占道的小商小贩，进行全面清理和规范；对校内餐厅、商店以及学校周边饮食店，展开以消防安全和食品卫生安全为重点的专项检查，确保学生的饮食卫生；整治校园及周边地区的交通秩序，重点向学生普及交通安全知识，利用校园广播、班会、请交警部门领导到学院开展讲座等形式，让学生掌握最基本的交通安全知识；对进入校园的车辆进行严格审查，由专人检查并记录；认真开展"讲文明、关爱生命、文明劝导"活动；针对学院安全工作中存在的薄弱环节，组织人员重点排查、随时跟踪、加强管理，确保校园无安全责任事故；同时，充分发挥学院学生处、团委、保卫处等部门的职能作用，并配合公安部门，对校园周边的网吧、酒吧、桌球室等娱乐场所进行清理、整顿；每年的5—10月，学院每日安排保卫处人员到澄碧河边巡逻，预防学生私自下河游泳；每月组织一次收缴管制刀具、大功率电器活动，有效预防安全事故的发生。

四、加强督促检查指导

每个学期，要听取保卫处的工作汇报，亲自部署，经常深入一线调研，提出具体的工作任务和措施，加强检查指导，强化责任落实；学院每学期都要与餐厅、商店，各处室、年级、班级层层签订相应的安全目标责任书，严格执行责任制，做到各尽其职，各负其责，密切配合，互相协调。同时，经常利用教职员工大会强调学院安全工作的重要性，传达和贯彻上级综治工作有关会议和通知精神，要求相关部门及班主任加强监督检查，发现问题应及时解决，做到警钟长鸣，常抓不懈，防患于未然，提高学院防范能力，保证学院教学、生活秩序的正常运行；对安全保卫工作的薄弱环节，及时调整力量，加强防范，确保学院稳定和谐；另外，为提高自身业务水平，学院安全保卫处领导要坚持组织党员干部学习政治理论和业务知识，相互提醒，相互督促，相互借鉴，共同做好安保工作。

五、采取多种形式宣传

平时，注重对学生和教职员工的安全防范宣传教育，利用全院学生和教职员工大会、班主任会、墙报、板报、橱窗、录像、广播、网络媒体、专家讲座等形式，进行法制、消防、安全、国防、禁毒等宣传教育。如规定每学期的第一周为"安全教育强化周"，各班级认真组织学生学习安全常识、安全管理规章制度等，学生处、班主任上好安全教育第一课。平时结合实际，认真开展好"热爱伟大祖国，建设美好百色"的主题教育活动；邀请交警、消防、人大法工委领导及法制副校长作法制教育讲座；举办以"崇尚科学，反对邪教"为主题的图片展；凡在节假日、寒暑假和重大活动之前，学院要重视对学生在交通、游泳、卫生、防火、防盗等方面的教育。这些活动能极大地增强学院学生的遵纪守法意识，进一步提高学生的法律知识水平。

我认为，作为一名共产党员和地方性高职院校的教育工作者，在平时的工作中，一定要讲党性，讲原则，讲大局，自觉贯彻和执行党的路线、方针、政策，自觉服从学院党委的领导，服从学院工作安排，服务于学院的整个教育教学工作的过程。作为学院的一员，无论在何时、何地、何处，都要自觉宣传好、维护好百色职业学院的正面形象，从而提升我们的正能量。努力做好分内之事，爱岗敬业，和谐共处，诚信友善，为人师表，关爱学生，创先争优，出色完成学院党政领导交给的各项工作任务。这是对党负责、对人民负责、对社会负责、对学院负责、对自己负责的具体体现。

（本文为笔者在党的群众路线教育实践活动中的心得体会）

弘扬优良作风 践行群众路线

2014 年 4 月 21 日

下午好！非常感谢各位党员、老师和同学能在百忙之中来听我上的党课，今天我给大家讲的主题是"中国共产党的优良作风"。

一、三大优良作风是党的优良作风的高度概括

一是理论联系实际的作风。理论联系实际的作风，就是把马克思主义的基本原理同中国革命和建设的具体实际相结合，一切从实际出发，实事求是。它是我们党的思想路线的基本内容，是我们党的成功之本。二是密切联系群众的作风。党的群众路线主要包含两个方面的内容：首先是党处理与群众关系的根本出发点，即一切为了群众，一切相信群众，一切依靠群众；其次是党领导群众的基本方法，即从群众中来，到群众中去，使党和人民群众取得最密切的联系，全心全意为人民服务，一刻也不脱离群众，一切从人民的利益出发，而不是从个人或小团体的利益出发，应坚持对人民负责和对上级领导机关负责的一致性。三是批评与自我批评的作风。批评与自我批评，就是要靠自身力量纠正错误与缺点，达到健康发展的目的。我们党一贯采取"团结—批评—团结"的原则和"惩前毖后，治病救人"的方针，从团结的愿望出发，经过批评或斗争，弄清思想，辨明是非，使矛盾得到解决，从而达到新的团结。

二、保持党的优良作风的现实意义

现实意义有三：一是有利于密切党和人民群众的关系。党的作风问题实质上是党与人民群众的关系问题，拿起批评与自我批评这一锐利武器，对照检查自己的言行，纠正错误，只有这样才能有效地遏制腐败现象的滋生和蔓延。二是有利于保持党的先进性、纯洁性。理论联系实际、密切联系群众、批评与自我批评有利于保持党的先进性、纯洁性。三是有利于增强党的创造力、凝聚力、战斗力。在21世纪新阶段，牢固树立党的宗旨意识，最重要的是要切实解决群众遇到的实际困难和问题。认真地开展批评与自我批评，只有这样才能有效地解决党内的各种矛盾，达到统一思想、增进团结的目的，提高党的战斗力。

三、继承和发扬党的优良作风

首先，中国共产党必须保持和人民群众的血肉联系。从根本上说，党风是由党的性质和宗旨决定的。在新的历史条件下，能不能保持良好的作风，不仅关系到改革开放和社会主义现代化建设的成败，而且也关系到党的形象，关系到人心向背，关系到党的生死存亡。加强和改进党的作风建设，核心问题是保持党和人民群众的血肉联系。保持党和人民群众的血肉联系是加强和改进党的作风建设的核心，是加强和改进党的作风建设的出发点及落脚点，也是解决党的作风问题最根本、最重要的任务。党员要研究体现群众路线要求的新的工作方式，不断改进领导方法、工作方法，把群众路线真正地贯彻下去。

其次，继承和发扬党的优良作风必须全面贯彻"八个坚持、八个反对"。坚持解放思想、实事求是，反对因循守旧、不思进取。坚持解放思想、实事求是的思想路线和思想作风，是我们党顺应时代进步潮流、永葆先进性的根本要求。

坚持理论联系实际，反对照抄照搬、本本主义。理论联系实际，是我们党一贯坚持的马克思主义学风，是中国共产党具有旺盛创造力的关键所在。

坚持密切联系群众，反对形式主义、官僚主义。密切联系群众是中国共产党的优良作风和政治优势。一切为了群众，一切依靠群众，从群众中来，到群众中去，是党的根本工作路线。

坚持民主集中制原则，反对独断专行、软弱涣散。这要求我们一方面要充分发扬党内民主，另一方面又要坚决维护党的集中统一，任何一方面都不能忽视。

坚持党的纪律，反对自由主义。要把它作为当前党风建设的一项重要任务来抓，坚决反对各种形式的自由主义，确保党的纪律的严肃性、原则性和约束性。

坚持清正廉洁，反对以权谋私。政风廉洁，就能赢得民心，保证政治清明、社会安定；如果为政不廉，以权谋私，脱离群众而又不坚决改正，就可能使党由于失去群众的信任和支持而失败。

坚持艰苦奋斗，反对享乐主义。艰苦奋斗是一种精神力量，是一个政党先进性在主观世界的体现，是共产党员思想境界的标志。

坚持任人唯贤，反对在用人上的不正之风。坚持任人唯贤，是中国共产党全心全意为人民服务的宗旨和立党为公、执政为民的原则在干部选拔和任用中的具体体现，也是贯彻落实党的路线、方针和政策的组织保证。

（本文为笔者在党的群众路线教育实践活动中为百色职业学院基层党员、干部讲的党课内容）

第五编

他山之石

情系广州

2014 年 10 月 26 日

　　带着组织的嘱托、学院的期盼和个人的憧憬，百色 60 位来自不同行业的同志（包括我在内）于 10 月 23 日，从南宁吴圩机场飞往广州白云机场，当天下午抵达广州，开始为期三个月的挂职学习之旅。

　　走出机场，举目四望，天空阴沉灰蒙。百色驻广州办事处的两位同志，早早就等候着我们。一行 60 位同志，乘上两部大巴，风驰电掣般向广州市委组织部办公楼出发。车上，朝窗外瞧，只见道路两边树木茂盛，高楼林立，车来人往，热闹非凡。车子到达目的地，广州各单位派来的对接同志，已经在楼下站立迎候，热切翘盼，好让我们这些挂职的同志一下车，便可对接上。也许是考虑到百色来的同志路途劳累，本着热情、简单、务实、紧凑的原则，双方决定不开欢迎会，不举行座谈会。各单位来的同志，和百色来的同志相互寒暄一下，就当是相互认识，相互对接。片刻工夫，广州方把挂职对象全接走，广州市委组织部大门外又恢复原来的清静。

　　按照广州市委组织部的分配，我被分在广州城市职业学院挂职学习。接我到学院的是一位年轻小伙子，身体健硕，说话得体。我与该院热情亲切的党办郭主任一见面，便有一见如故之感，宛如认识多年的老友，车上海阔天空地聊，不知不觉，林姓司机已稳当将车开到学院（原广州工业大学教职工宿舍）楼下。

　　第一时间，我如出门多日归来的孩子，急切打开车门，钻出车外。但见眼前古木参天，绿化带修剪齐平，整齐划一，内栽种高矮不齐、各式各样的风景树，偶有间种三角梅之类的花，正次第开放；高楼耸立，校园道路全部按照标准、尺度画线，不远处，两三个学生安静地

坐在人工建造的"蘑菇亭"下看书，这个恬静、优雅的环境可谓是师生学习、生活的佳地。

"这是您的房间钥匙，这是您的饭卡。"郭主任的话把我从专注中拉了回来，只见他边说边将这两样东西递到我跟前。钥匙、饭卡拿在手中，暖在我心。我不得不暗自赞许广州方待人热情，方方面面考虑周全。更出乎我意料的是，我的床上用品、家用电器等，无一不准备齐全了。这让我这个来自遥远他乡的客人，恍然有阔别多年的游子回到家的温馨之感。

广州城市职业学院，厅级单位，学院领导高配，全是正、副厅级领导。该院李训贵院长，1958 年出生，性格豪爽，热情大方，博士学历，享受国务院津贴，可谓女中豪杰。在当天的见面会上，该院党政班子成员 7 人，全来迎接，见面问候，座谈叙新，煞是热情。不难看出，该院从一般同志到院领导，对百色来的挂职同志，打心眼当作他们中的一员，十分重视且照顾得细致入微，同时，更是体现了广州方对百色老区的一份真情、一片厚爱。

（本文为笔者参加 2014 年百色市选派干部赴广州城市职业学院挂职时的学习见闻）

印象·广州城市职业学院

2014 年 10 月 29 日

广州城市职业学院于 2005 年 3 月经广东省人民政府批准并主办，属高等职业院校，2005 年 9 月揭牌成立。2009 年 5 月，广州市政府批准学院加挂"广州社区学院"牌子，成为广州首家社区学院。

据了解，学院在广州拥有广园南、广园北、海珠、滨江、越秀 5 个校区，广园南校区、广园北校区坐落在风景秀丽的白云山下、麓湖之畔，海珠、滨江及越秀 3 个校区分布在广州繁华的中心市区。目前，学院在校生 9 000 多人。

学院围绕广州地区高新技术产业、先进制造业、高端化现代服务业和社区服务四个专业板块来打造；重点建设十个专业群，涵盖信息技术系、机电工程系、商贸系、财会金融系、旅游系、公共管理系、艺术设计系、城市建设工程系、食品系、应用外语系、社科部、国学院、继续教育中心等 13 个教学单位；另设有高职教育研究所和社区教育研究中心等科研机构。

学院硬件设施一应俱全。建有现代化多功能图书馆、教学楼、实训楼、宿舍楼、学生活动中心、室内外体育场馆等，数字化校园整体建设和应用水平在全省高职院校中位居前列。

立足广东招生，面向全国育才。学院生源以广东为主，也面向安徽、福建、江西、湖南、四川、广西、山西、内蒙古、河南、贵州等 13 个省、自治区招生。2006 年，率先在广州市属高职院校中将招生批次从 3B 提高到 3A。第一志愿上线率和新生报到率连年保持较高水平。

一分耕耘，一分收获。几十年来，学院为社会各界培养了 30 多万人才。2009 年，学院以优异的成绩通过教育部人才培养工作评估。

（本文为笔者参加 2014 年百色市选派干部赴广州城市职业学院挂职时的学习见闻）

灵活办学　成绩骄人

2014 年 11 月 3 日

一所高校，办学有特色，声名远播，在为企业提供优秀专业人才的同时，也向社会输入合格的劳动精英，以骄人的业绩赢得企业认可，获得社会赞誉，其中的因素是多方面的。广州城市职业学院在办学过程中的一些好的理念，值得我们学习借鉴。

1. 专兼职教师配备合理

该院现有教职工 573 人，其中专任教师 431 人，具有高级职称 137 人，"双师"教师 235 人。

2. 校企社政四方共建实训基地

推进办学机制创新，构建以学院为核心，校企双主体，依托市、区、街三级教育网络，校企社政四方合作的"一核双体三级四方"社区职业教育办学模式。目前，广州市正依托该院成立广州社区教育与服务指导中心，学院与白云区政府合作建成广州社区学院白云分院。学院建有集教学、技术开发、培训、考证等功能于一体的校内外顶岗实习基地 222 个。

3. 加强国内外合作与交流

在与国内多所高校开展合作办学的同时，该院先后与德国、美国、英国、澳大利亚、中国香港等多个国（境）外文化教育机构建立了校际合作关系，选派大批骨干教师赴国（境）外培训学习，遴选学生出国进修实训工程。与国家留学基金委员会东方国际教育交流中心合作组建成立广州城市职业学院东方国际学院，与英国威尔士格林多大学合作举办专升本"3＋1"项目，为学生提供更高层次的国际教育交流与出国深造平台。

4. 注重培育校本文化根基

创建国内高职院校中首个国学院，将社会主义核心价值体系融入人才培养全过程中，将中华优秀传统文化的精髓与职业道德、职业能力和职业精神培育有机结合。

5. 教学科研丰硕喜人

建有国家和省市级财政支持的实训基地建设项目 11 个，省市级精品课程 15 门，省市级示范专业 12 个，获得多项省、市级教学成果奖和教学科研课题立项；毕业生双证书获取率达到 96.7%，毕业生就业率连年超过 98%，位居全省普通高校前列，毕业生社会评价满意率超过 95%。

成功千种，道路万条。一所高校怎么办学，达到什么样的水准，显然无统一答案，你有你的优势，我有我的强项。只有做到取其所长补己所短，才能得到进步与提高。

（本文为笔者参加 2014 年百色市选派干部赴广州城市职业学院挂职时的学习见闻）

优质招生 就业至上

2014 年 11 月 16 日

　　高考涉及千家万户,关乎社会公平,引起的社会关注度高;招生,与每位考生命运相连;就业,同每位毕业生发展攸关。这些年,广州城市职业学院不断探索招生就业工作新路子,并取得较好的社会效益。

　　"招生工作天天做,不分旺季淡季,不分松紧时段,细抓常态性工作,就是这个时节,也不闲着,正着手规划和设计明年整个学院招生方案。"该院招生就业处许向晖处长和蔼可亲地介绍说。

　　他说,学院每年招录新生 3 000 至 4 000 人,其中,6 月份前完成 400 名左右的自主招录,8 月底招录完。该院生源充足,第一志愿报考该院的考生有五六千人,2014 年普通高考最低录取分数线为理科 400 分,不少是二本分数线的学生;由于招生形势比较宽松,学院精力主要花在学生的就业上。

　　也许大家很难想象,就这么一项艰巨、繁杂、重要的工作,日常所有运作过程主要靠招生就业处的三位同志来支撑,其工作量之大,效率之高,业绩之突出,给人留下极深的印象。

　　诚然,毕业生就业率的高低,某种程度上反映一所高校专业设计的合理度和办学水平的高低,反映其是否紧跟市场、社会发展需求。

　　这些年来,该院高度重视毕业生就业工作,定期或不定期召开专题会议,研究、部署就业工作,强化职责,建立就业工作督查机制。

　　2010 年以来,该院先后制定和出台《广州城市职业学院招生就业工作实施意见》《广州城市职业学院毕业生就业跟踪调查工作机制》等系列文件,建立"广州城市职业学院招生就业工作考核指标体系",把就业工作纳入学生工作评估体系中,每年对各系和有关部门开展就业工作考核,并把其作为评优评先和奖励的重要依据。

"校企合作，工学结合"体现了该院以市场人才需求为导向，强化就业和招生规模、专业设计、人才培养多方联动模式，根据毕业生就业情况，进行跟踪调查、数据分析与反馈，达到"以销定产"的目的，形成动态持续的招生专业、课程和人才培养模式更新机制。

学院年度预算按学生全部学费 2% 比例列入就业经费，专款专用，确保就业工作经费落实到位。

就业指导细化，服务到位，通过纸质材料与专栏宣传结合、网站公布与专题讲座结合的方式，宣传国家和各级政府关于促进大学生就业的各项政策，鼓励毕业生参加"三支一扶""大学生村官计划"和"西部计划"等面向基层的选拔工作，积极引导毕业生转变就业观念，到城乡、中小企业就业。据统计，该院 2013 年毕业生到城乡基层、中小企业就业的比例达到 79%。

加强与广州市人社局、南方人才市场合作，每年在该院举办多场立足广州、面向全国的大型毕业生专场供需见面会。每年到场企业超过 1 000 家，提供职位达 20 000 个，为毕业生就业提供了服务平台。对于个性化需求，组织相应招聘会，为不同专业毕业生提供个性化服务。

开通就业网站，提供有效就业供需信息服务，建立用人单位信息库，加强与就业信息库企业的沟通与联系，通过电子显示屏、Q 群、微信等方式及时公布有效就业信息。

利用政府、企业、校友资源优势，邀请用人单位、优秀企业精英、优秀校友进校园开展宣讲活动。2011 年以来举行"毕业生就业、创业指导校园行"系列专题讲座 34 场，参加人数累计超过 7 000 人。

完善困难毕业生就业帮扶机制，对家庭困难和就业困难毕业生进行摸底统计，造册登记，通过就业指导讲座、咨询、走访企业、实习指导等形式，实施"一帮一"或"多对一"扶持。就业处、各系教师、辅导员人人参与，跟踪就业对象，想方设法为就业困难毕业生寻找合适的工作单位。该院 2013 届困难毕业生就业率达 100%。

将就业指导课程纳入专业人才培养方案中，定为各专业必修课，课程设置 38 课时。就业指导贯穿大一至大三全过程，大一开始职业生涯规划设计，大二进行求职就业指导，大三进行职业探索与实践指导。

注重就业指导课教师队伍建设，制定和颁发《广州城市职业学院就业指导课教师队伍三年建设规划（2013—2015）》，建立各系主管教学的副主任、各专业专任教师和辅导员相结合的教师队伍，邀请省内专家对该院的就业指导工作人员和就业指导课老师进行培训。

聘请行业专家、学者、企业精英担任就业指导讲师，定期或不定期请他们到校开展讲座，进行就业指导，分享他们求职、创业以及在各自岗位上奋斗的故事和成功的经验，将他们自身的经历告诉师生，让大家学会思考问题。

关注毕业生创新创业教育，出台创业扶持政策，培养大学生创业意识和创业能力，抓好第一课堂创业教育主渠道，把创业教育融入专业课和就业指导课当中，打造第二课堂创业实践主阵地，拓展社会实践活动有效平台。

设立创业教育专项基金和创业扶持资金，加强校内外创业实践基地建设，为大学生提供良好的创业教育实践平台。两年来，已经有学生成立"芳菲玖零"花艺工作室、"图兰多花店"等29个项目，全部立项为省级大学生创新创业训练计划项目，并获得学院资金支持。学生的创新创业经历、经验对就业指导课程教学和在校学生有很好的示范作用。

健全就业反馈机制，就业质量评介科学有效。2010年下发《广州城市职业学院毕业生就业跟踪调查工作机制》，每年寒假，进行毕业生跟踪调查工作，形成调查报告，科学客观地评价毕业生就业状况和就业质量，为改进教学提供依据，发挥就业对教学改革的反馈作用。

从社会、产业、行业需求出发，动态调整专业、课程设计，提升学生职业素质和专业技能，强化就业、招生以及人才培养的联动机制建设。

定期通过麦可思、零点等第三方调查机构对毕业生就业情况进行调查，形成高质量的调查报告，为专业设计人才培养改革提供重要依据。

据资料显示，仅2013年，该院毕业生初次就业率和总体就业率分别达到97.60%和99.44%，位于全省同类院校前列。毕业生对母校的总体满意度达到90%，用人单位对毕业生的满意度达到优良评价等级。

（本文为笔者参加2014年百色市选派干部赴广州城市职业学院挂职时的学习见闻）

学生工作管理严格

2014 年 11 月 22 日

近年来，广州城市职业学院在开展学生工作方面，探索出一套具有本校特色的思想政治教育与学生工作模式。

学生工作由学生工作部统筹协调，下设助学管理中心、心理健康教育与咨询中心、就业指导中心、安全文明指导中心、学生活动中心等机构，实行学生工作首问负责制，寓管理于服务，为学生提供助学、心理健康教育与咨询、就业指导、学生活动等全程服务。

精瘦高挑、办事干练、讲话富有逻辑的学工部张荣烈处长，是一位大学毕业后一直在该校工作的权威专家。据他说，平时学生工作由各个系具体管理，分工比较明确。系主任抓教学，系党支部书记负责学生思想政治教育及安全稳定工作，由辅导员带班，从始到终。

学生工作是系统工程，方法多种多样，该院的一些工作做法，值得我们关注、参考和借鉴。

学校或学工部布置的学生工作，基本上通过各个系党支部组织实施，由各位辅导员细化，具体专抓，负责到底。平时，各系有什么事情，辅导员自己想办法解决，对系支部书记负责。比如在学生宿舍管理上，学生是否存在违反学校纪律携带管制刀具、使用大功率电器、晚上夜不归宿等问题，都是由各系、辅导员作为常态工作来抓，学工部、保卫处等部门只是偶尔组织抽查，看哪里存在问题，及时督促检查、整改落实。

如何做到与时俱进，对学生动态了如指掌，是不少学校一直探究的课题，该院实行的"一周一报"制度是一个积极的探索。此制度涉及每一个系、每一个班、每一个宿舍、每一位学生在校一个星期学习、生活存在的主要问题。

这项工作烦琐、复杂，仅靠辅导员是做不好的。各个班级挑选能管事、责任心强的两名同学协助辅导员工作，学校给予一定的经济补助，每天负责登记、汇总书面材料情况交到辅导员，系党支部书记签字把关，统一交到学工部，在校园网上公布，对问题分类跟进，及时做好学生思想工作，把问题解决在萌芽中。

完善学生舆情报告制度，是该院全面掌握学生情况的关键一环，也是定期供学院领导阅览、了解学院情况、决策参考的依据之一。此制度分为学生生活（校园安全管理、宿舍、饭堂、医疗服务、网络管理）、专业学习（教学管理与课程、教师、课堂、图书馆、实验实训）、学风状况、心理状况、助贷情况、就业情况、教学意见或其他建议八个部分。

先由各个系针对学生一个月时间来在学习、生活、工作上存在的主要问题，搜集、归纳、整理并提交材料，由学工部汇编，一个月一期，报告一般在下个月初送达学院及中层领导和各个系，对报告提到的相关问题，由学工部一一督办，责成对应部门落实整改。

在抓学生工作过程中，学校除了发挥团委、学生处的功能外，还十分注重发挥各个学生协会的作用。这里，重点介绍学生自律会所扮演的角色。"该组织是以'自我管理，自我教育，自我服务'为宗旨，以促进校园文明建设和形成良好校风学风为目标的学生组织。"分管此项工作，曾担任该院团委书记的年轻、漂亮、能干的张朝华副处长介绍说。

自律会由学工部、团委具体指导，工作主要围绕学院中心工作来开展，特别是学生的思想教育和管理工作，它是同学们与学院、教师沟通联系的桥梁和纽带之一。一是协助学工部抓学生思想教育宣传工作；二是协助管理学生宿舍纪律，管理学生宿舍卫生工作，对学生宿舍进行检查评比，平常重点与学生工作部、后勤处及物业公司联系，协助解决学生在宿舍中发生斗殴、酗酒情况及生活中遇到的一些问题；三是定期对学生饭堂的饭菜价格、卫生、质量和供膳人员的工作态度进行检查监督，维持饭堂就餐秩序；四是协助学工部、团委管理每月的升旗工作，做好升旗事前音响设备的借用、归还及每次活动的礼仪接待工作；五是协助维护校园秩序，及时反馈学生在学习生活中各种影响学校安全稳定或影响甚至危害学生健康成长的行为或苗头。

善于用发生在学生身边的看得见、够得着、能学习借鉴、可操作的先进典型事例来激励在校学生，是该院做好学生工作的成功一环。近年来，该院已先后举办八次"梦想激励人生"教育公益活动，由广州城市职业学院、广东广播电视台新闻广播、广州心海榕社工服务中心联合策划，定期或不定期邀请优秀校友、企业家、成功人士、社会名流到校给师生作报告。活动旨在激励更多同学敢于追梦，坚持追梦，同时也为学院学生（尤其是家庭经济困难的同学）搭建一个提升职业能力（组织能力、演讲能力等）的平台，促进学生成长成才。

（本文为笔者参加 2014 年百色市选派干部赴广州城市职业学院挂职时的学习见闻）

不一样的学生工作年会

2014 年 11 月 25 日

工作至今，出席各种会议、年会无数，而这次到广州挂职学习所参加的学生工作年会可谓与众不同，印象深刻。11 月 24—25 日，一年一度的"广州市属高校学生工作专业委员会 2014 年年会"在美丽的广州城市职业学院南校区 8 号楼二层学术报告厅隆重举行。

恰巧本人在广州城市职业学院挂职学习，能作为百色职业学院代表参加此次难得的有意义的年会，并在主席台就座，我感到荣幸之极。

"高校育人的实践与探索"是这次会议的主题，来自分管学生思想政治工作的广州市教育局领导，广州大学、广州医科大学等 12 所市属高校领导、专家，先后就各自学校在新时期如何做好学生工作，进行了交流、探讨和发言。

休会间隙，笔者随与会代表到汕头大学参观学习。该校至诚书院的"住宿学院制"一直名声在外。说实在话，也许是孤陋寡闻缘故，"住宿学院制"是什么概念，本人闻所未闻，这次是怀着一种期盼前行。

"2008 年 7 月，汕头大学借鉴境外大学先进的教育理念和经验，在内地高校率先成立第一家本科四年全程住宿学院——至诚书院，开始学生培养模式改革工作。荏苒六载，通过逐步完善，给住宿生搭建了一个集学习、娱乐、生活于一体的多元化舞台。在这个舞台上，每个学生都有机会演绎热情，发展才能、潜能、社交以及情商。"至诚书院副院长、创始人之一陈文滨博士边走边向我们介绍，"学生会、常青藤服务学习协会、导生委员会、共青团、党支部以及级社这六大组织，在很大一部分上就是撑起这个多元舞台的正能量。""住宿学院制"被认为是一种先进的学生社区管理模式。"试行住宿学院制的目的，就是让不同学科的学生在生活中交叉碰撞，扩展视野和人脉关系。"汕头大学副校长、至诚书院院长李丹教授道出了学校率先引进"住宿学院制"的初衷。

至诚书院自诞生以来备受社会各界及媒体的广泛关注，到目前为止，上百所国内外高校领导先后莅临书院参观，了解住宿书院的教育模式。至诚书院的学生管理工作对新时期怎样做好大学生工作作了大胆探索和标榜示范，提供了交流、借鉴。

笔者（前排左一）与出席年会专家、领导合影留念

笔者（右一）在年会主席台就座

（本文为笔者参加 2014 年百色市选派干部赴广州城市职业学院挂职时的学习见闻）

融入其中　增长见识

2014 年 11 月 26 日

感谢组织信任、关怀，让我有机会到广州挂职学习。根据广州市委组织部的安排，我被分在广州城市职业学院，挂任学生工作部副部长一职。时光转瞬即逝，在广州城市职业学院任职这段时间内，本人遵守组织纪律，自觉服从学校工作安排，注重与部门联系沟通，主动参与学校教育教学活动，从中增长见识、开阔视野、拓宽思路、累积经验。

一、协助管理学生日常事务工作

到广州城市职业学院挂职的第三天，本人随学院主要领导深入广园南、广园北、海珠、滨江、越秀五个校区，进宿舍、入教室、下食堂，检查指导平安校园及美丽校园工作。平时，协助学工部其他同志处理来电来访、学生出勤情况统计、各个校区学生宿舍维修统计、学生心理健康咨询、学生就业分析、"助学·筑梦·铸人"专题征文系列活动等学生常规工作，参与事务，学习借鉴，分享收获。

二、主动参与校内外教育教学活动

（1）参与新生军训会演工作。10 月 25 日上午，与学工部、各系党总支书记等部门负责人 20 多人，亲临军训汇报表演现场，指导 2014 级共 3 200 多名新生的会演工作，新生分别演绎了阅兵式、队列、擒拿格斗、消防救护演练等规范动作。军训提高了新生的国防意识，磨炼了学生的意志，培养了集体协作精神。

（2）参与社会主义核心价值观演讲比赛。10月28日和29日晚，与学工部、团委同志参加并指导"践行社会主义核心价值观暨庆祝建国65周年"的主题演讲比赛。学生们从不同层面诠释了自己对社会主义核心价值观的认识、理解，对祖国的无限崇敬和深深祝福，表达了他们为实现"中国梦"而努力奋斗的思想情怀。

（3）参与第八届校运会活动。11月7日，与院领导、部门负责人、学生及运动员共3 000多人参加学院第八届运动会开幕式并在观礼台就座。赛事设置33个大项，51个小项，共有3 872人次参赛。期间，本人用相机拍下不少精彩瞬间，图文并茂，剪辑成《广州挂职见闻（五）》并发表在百色职业学院网站上发表，让远离广州的百色师生如同身临其境，一起分享欢乐。

（4）参与励志演讲比赛。11月11日晚，参与学生工作部、团委、励志社举办的"梦想激励人生"演讲比赛决赛。选手们从"梦想激励人生"第7期主讲人王玉给予他们的启示出发，讲述自己的梦想和追梦计划，比赛为大学生提供了展示自我、挑战自我的平台，体现了"梦想激励人生"系列公益活动对大学生的激励作用，得到了同学们的一致好评。

（5）参与消防安全演练活动。11月12日，作为学工部的一员，我主动与院属各部门消防安全员、学生代表、学生宿舍管理员、各校区物业公司工作人员400多人一起参加了知识培训和应急疏散演练活动。通过活动，进一步提高师生自救互救、疏散逃生及防灾减灾等意识和能力。

（6）参与国学经典诵读大赛。11月19日晚，参加"广州城市职业学院第九届校园文体艺术节暨第八届国学经典诵读大赛"。10个参赛队共600余名选手诵读《劝学》《修身》等国学经典名篇，同时，用小品、歌舞等喜闻乐见的辅助形式，淋漓尽致地演绎了各个主题的文化内涵，活动提升了师生学习国学经典的积极性。赛后，我将《国学是必修课》一文与相关照片，编成《广州挂职见闻（七）》发表在百色职业学院网站上，让两校可以互相交流、互相学习、互相借鉴。

（7）参加广州市属高校学生工作专业委员会2014年年会。11月24日和25日，作为百色职业学院代表，我参加了广州市属高校学生工作专业委员会2014年年会，并在主席台就座。分管学生思想政治工作的广州市教育局领导及广州大学、广州医科大学等12所市属高校领导以"高校育人的实践与探索"为主题，先后就各自学校在新时期如何做好学生工作进行交流和发言。会议期间，随与会代表到汕头大学参观学习，该校至诚书院的学生管理工作给代表们留下极为深刻的印象，为大家在新时期怎样做好大学生工作提供了新的探索与借鉴。

三、协助班级办好班刊

作为挂职班级党支部宣传委员，在工作中，我努力做到与大家多交流、多沟通、相互提醒、相互支持、共同推进；在完成挂职其他工作的同时，积极协助班级党支部、班委出好第一期班刊《羊城记忆》。利用自己的摄影特长，主动参加班级举办的各种有益活动并拍照记载。经过筛选、剪辑，班刊选用本人提供有关挂职活动照片13张。班刊的顺利出版，自己倾注了期盼，付出了汗水，同时加深了与挂职队友间的友谊，并密切了协作、分享了快乐、收获了友情。

四、注重利用业余时间外出考察调研

一个人的才能体现在方方面面，能力的提高靠平时点滴积攒，挂职学习只是其中的一种途径，并未局限于一事一物。广州是我国改革开放的前沿地，是一座有着悠久历史的三朝古都，是中国近代革命历史的摇篮。要学习考察、调研探究、观光游览的名胜古迹、好山好水、好地方实在太多。我充分利用节假日、周末等时间深入广州的一些企业、街道、学校、名山、胜地等处，走走看看，了解当地历史、民俗、文化、经济社会发展状况，觉得有用之处记一记，独特地方照一照，多方汲取营养，不断充实和提高自我，争取多掌握一些实在管用的方法和提高解决实际问题的能力。

五、积极为百色职业学院网站撰稿

挂职学习是学习别人的新理念、能借鉴操作的好方法。挂职期间，我留心观察，尽可能参与活动当中，以便接触到一些实质的东西，如校容校貌、学生社团、名家讲座、课间活动、各种赛事等，这些也都是我比较关注的对象，尽量将自己参与的、看到的、想到的，消化过滤，写成文字，拍成图片。挂职以来，我先后撰写《广州挂职见闻》等7篇文章，寄往百色职业学院网站连载，为两校联通信息，分享资源，使彼此增进了解、协作共进。

（本文为笔者参加2014年百色市选派干部赴广州城市职业学院挂职时第一个月的工作综述）

校际协作　携手共进

2014 年 12 月 5 日

以"区域合作，携手共进"为宗旨的校际协同发展联盟工作联席会议，于 12 月 5 日在风景优美的广州番禺职业技术学院召开。来自广西、贵州、青海、吉林、新疆、广东、山西等省（区）的全国 11 所高等职业院校领导、专家出席了这次联席会议。

会上，青海交通职业技术学院以"贯彻好决定、制定好章程"，广州番禺职业技术学院以"高职院校现代学校制度建设的若干思考""高职院校现代学校制度建设：动因、目标与要素""数字教学资源的共建、共享与公用"，中山职业技术学院小榄学院以"创新大学制度，构建'政校企行'合作共享机制——以中山职业技术学院小榄学院为例"为主题分别作了专题发言。在接下来的校际相互介绍、讨论交流分享环节，百色职业学院、吉林电子信息职业技术学院等高职院校与会领导、专家就下一步如何深化、完善和发展校际协同发展联盟工作展开了认真的探讨。大家一致认为，虽然校际协同发展联盟成立时间短，但收获颇丰。今后各联盟成员要多沟通、交流与往来，定期举办联席会议或论坛，设立专门网站，方便沟通，使信息资源共享，达到相互学习、相互借鉴、协同发展的目的。百色职业学院作为联盟成员应邀参加此次会议，本人受学院委派出席这次联盟工作联席会议。

作为百色职业学院曾经的对口帮扶单位，这些年来，广州番禺职业技术学院从人力、物力、财力全方位给予了支持与帮助。会议间隙，本人采撷了几个镜头与大家分享。

笔者（左一）与与会专家在广州番禺职业技术学院教学楼前合影

笔者（左一）与广州番禺职业技术学院张连绪院长合影留念

（本文为笔者在广州番禺职业学院举办的 2014 年职业教育校际协同发展联盟工作联席会议上的见闻）

国学是必修课

2014 年 12 月 6 日

　　一般人看来，在文科专业开设国学教育课是理所应当的事情，以文科类为主的高校开设国学教育课，也是再正常不过的了，而作为以理工科为主的拥有 10 个专业群共 40 个专业的广州城市职业学院，不仅要求每个专业开设国学教育课，而且是必修课。

　　到底广州城市职业学院的国学教育在学院的发展中充当着什么样的角色？"现代职业学院，不再是生产纯粹的劳动机器，而是造就具有超越工具意义的大写的人。"该院李训贵院长给出了令人折服的诠释。

　　学院成立之初，原深圳副市长吴小兰用一场精彩的国学讲座引发了该院办学理念质的飞跃，其精辟见解引起全校上下的共鸣，欲"重振国学"。2006 年，全国首家高职院校国学研究所在广州城市职业学院应运而生。以普及国学知识为基础，以开展国学实践为核心，以提升师生人文素养为宗旨，带动国学应用型研究。将国学教学理念渗透到学校各专业，通过开设"国学精粹"必修课及相关选修课，实现学生人文素养的提升，这是广州城市职业学院开展国学教育的重要举措。

　　如何开好国学课？这可是令人费心之事。但对于国学知识渊博、致力于推广国学教学工作的该院国学院院长宋婕来讲，迎难而上，孜孜求索，尝试将不同的理论与书、画、琴、茶文化相结合的新型教学模式是另一种挑战与创新。

　　理论教学以儒家思想为核心，致力于向学生传达国学的魅力与和谐的智慧。实践教学围绕礼教、诗教、乐教展开，为学生开设经典诵读、茶艺、书画、古筝等各类传统才艺实践班，定期举办经典诵读大赛、琴茶雅集等国学实践活动，由学生自由选择修习的内容与形式。

同时，学院聘请来自清华大学、北京大学、中国人民大学、北京师范大学、武汉大学、中山大学等高校的 60 余位名誉教授及客座教授，指导课程建设，承担课程教学任务。这些大多来自知名学府的教育行家、国学专家，省内外著名的书画家，古筝、古琴演奏家，古陶瓷玉器鉴赏师，或亲自为学生授课，或在该院品牌栏目"城市国学讲坛""城市色彩讲坛""企业国学讲坛"中开坛论道，将传统文化精髓更深、更广地传给全校师生，传给校园外的国学爱好者。

时至今日，该院已经举办国学讲座 160 多场，累计20 000名学生完成了"国学精粹"课程的学习，整理结集出版了 6 期《城市国学讲坛》。

该院设有国学特藏室和阅览室，购买了《四库全书》《续修四库全书》《四库禁毁书丛刊》等各类国学书籍上万册。"背一部国学经典，读一本国学参考书，听一次城市国学讲坛，进行一次国学实践活动，写一篇接受国学的心得。"这是学校对学生修习国学课程的基本要求。

国学不仅需要老师带进课堂，更需要学生带出社会。在课程学习的基础上，该院一批热爱并乐意践习国学的学生相继成立推广国学的学生社团——国学经典讲习团、清新茶艺社、筝韵社等。

国学经典讲习团围绕"讲"与"习"开展多种学习与交流，定期进行"国学有奖知识问答"活动，承办国学讲座，不仅在校内学生中普及国学，还组织学生义务到中小学推广；茶艺社的同学内修茶道，外练茶艺，凭借精湛的技艺和独特的风采，多次荣获广东省茶艺师技能大赛的奖项；筝韵社活跃于校园内外，吸引着越来越多的学生加入国学学习和普及的队伍中来。

该院积极与多家单位合作，举办大型的国学活动，如承办团省委的"广东省中小学古诗文诵读大赛"，与中华孔子学会共同举办"纪念孔子诞辰 2 558 周年活动"，承办国际儒学联合会"国学普及工作座谈会"，主办"全国古筝名家音乐会"等，承担了普及国学的社会责任，提高了学院的文化品位和内涵。

国学教育目前已经成为广州城市职业学院办学的一大特色。2009年 9 月，"广州市中小学教师继续教育基地"在该院挂牌成立。它扩大了学院的影响，构筑起沟通的桥梁，搭建了广阔的交流与合作平台。

2007 年以来，海内外一些高校、科研机构等，慕名纷纷前来参观学习、协作交流；该院的国学研究所被国际儒学联合会接纳为团体会员，香港大学毕业同学会、中华管理智慧学会组团参观学院国学研究所，香港专业教育学院葵涌分校教师团来校参观，并派出学生团接受该院的国学培训；同时，该院李训贵院长先后在香港举办的联校普通话朗诵交流会上受邀担任主礼嘉宾，并在台湾举办的海峡两岸高校文化素质教育通识教育论坛上作专题报告。

《光明日报》《羊城晚报》《南方都市报》等多家媒体先后报道了该院的国学实践活动，在社会上引起了强烈的反响。

该院以国学教育为切入点，开展文化素质教育的理念和实践，一直得到专家和高校同行的认同。丰富、高雅的国学教育与实践改善了该院的人文气质，提升了学生的综合素质和就业的软实力。近年来，该院学生在多次举办的"广州市大学生中华经典诗文朗诵大赛"中取得优异的成绩，他们出众的气质给评委留下了深刻的印象。在近年严峻的就业形势下，该院毕业生的就业率连续超过98％，位居全省前列，国学社团的同学尤其受到用人单位的欢迎。李训贵院长对国学教育取得的成绩评价极高："国学教育丰富了学校的文化内涵，提升了学校文化的层次和品位，促进了高职院校大学精神的养成，尊重了师生个性的发展，使干事创业、学习成才的环境和开放包容、追求卓越、和谐发展的大学文化逐步形成。"

广州城市职业学院院长李训贵（左）、笔者（中）、
副院长熊军（右）在该院举办国学诵读大赛后一起合影留念

师生同台诵读国学经典

获奖单位集体合影留念

（本文为笔者参加 2014 年百色市选派干部赴广州城市职业学院挂职时的学习见闻）

广州推进现代职业教育发展经验
及对百色的启示

2014 年 12 月 16 日

　　这次到广州挂职学习，本人挂任广州城市职业学院学工部副部长一职，通过挂职交流，考察调研，对照反思，觉得广州在推进现代职业教育过程中的一些做法和成功经验，值得借鉴。

一、广州推进现代职业教育发展经验的做法

（一）发展定位准确

　　广州现代职业教育主要立足广州，服务广州，辐射华南，以产业需要和市民需求为导向，服务产业、服务社区、服务市民，使职业教育的发展成为以社区职业教育为主、以岭南文化优良传统与时代精神相互交融为特征的职业型、技术技能型人才培养基地，应用化技术转化平台和市民终身学习中心。通过进一步优化资源配置和多渠道合作办学，满足广州学习型城市的发展需要，着力发展具有城市特色的职业技术教育，努力探索城市社区教育新路，逐步过渡到满足不同阶层、不同年龄段市民的多样化教育的需求，学历教育与非学历教育并举，职业教育与社区教育并重，力争打造一批在国内外有一定影响力的高水平高职院校。

（二）注重专业建设

　　根据《中共中央关于全面深化改革若干重大问题的决定》《国务院关于加快发展现代职业教育的决定》（国发〔2014〕19 号）精神，结

合广州市国民经济和社会发展中构建现代产业体系的需求，现代职业教育着重围绕新兴产业、高新技术产业、支柱产业、现代服务业和社区服务业，重点建设几大专业板块。在新兴产业上，重点围绕商贸会展、金融保险、现代物流、文化旅游、商务与科技服务、汽车制造、石油化工、电子产品、重大装备、新一代信息技术、生物与健康产业、新材料与高端制造、时尚创意、新能源与节能环保、新能源汽车等重要战略性新兴产业而设置专业，以此加大人才培养力度，满足战略性新兴产业发展对广州乃至全国高素质人才的迫切需求。

（三）确保重点项目建设

根据广州现代职业教育的发展前景，建设一批具有前瞻性的高职院校重点项目，以满足整个广州地区高职院校长远发展的需要，增强持续发展的能力。重点规划和建设一批新校区建设工程、完善基础设施建设工程和教学实验设备建设工程等。

（四）强化质量意识，提升内涵品位

提高高等职业教育教学质量，既是当前现代高等职业教育改革与发展的重点，也是现代高等职业教育自身发展的客观要求。如何抓住机遇，迎接挑战，关键在于加强内涵建设，提高教育教学质量。因此，这些年来，广州进一步强化质量意识，大力加强内涵建设，从实施素质教育工程、专业建设工程、教学改革工程、精品课程和优质教材建设工程、教学团队建设工程、教学基地建设工程、教学名师工程、教育教学研究工程、教学质量控制工程、教学管理和学生创新能力培养工程等教学改革、建设与管理入手，创新工学结合的人才培养模式，突出现代高等职业教育的办学特色，推动教学工作持续健康发展。

（五）加强国际化交流合作

充分利用广州的地缘和品牌优势，加强"泛珠三角"框架内的职业教育和社区教育合作，加速国际化进程，扩大与港澳及国外相关职业院校的实际性"联盟"和"连锁"，在巩固现有合作与交流成果的基础上，引进、消化、吸收国外成功的职业院校在师资、课程标准、教学方法等方面的先进教育资源，满足广州现代职业教育与社区教育需求，培养高水平的技术人才，进一步提升国际化水平和国际影响力。

二、广州推进现代职业教育发展经验给百色带来的启示

百色职业教育主要由中等职业教育和高等职业教育构成。百色职业学院作为百色唯一的一所地方性高等职业院校，承担着培养百色本地急需的高素质劳动者和技术技能型人才的重任。广州在推进现代职业教育发展的过程中所积累的好做法、取得的一些成功经验，对百色职业学院启发极大。它对整个百色职业教育的改革与发展，对在像百色这样的地区如何推进现代职业教育有着一定的借鉴作用。

（一）围绕地方发展，明确提升定位

随着中央西部大开发战略和国务院《关于进一步促进广西经济社会发展的若干意见》的深入实施，广西明确实施"两区一带"区域发展总布局，社会经济发展步入快车道。百色作为集革命老区、少数民族地区、边境地区、大石山区、贫困地区、水库移民区"六位一体"的特殊区域，依托资源和地域优势，制定实施"四地一带一枢纽"发展战略。建设百色城东新区正如火如荼推进，这正是百色市加快发展的"黄金时期"，面临的机遇前所未有，对人才的需求尤为迫切，对技术技能型人才需求极大。广西的"十二五"规划，明确了百色要重点打造全国重要的铝工业基地，百色高技能人才占技能劳动者的比例要从 2009 年的 14.9% 提高到 2020 年的 26%，有色金属及其产业链、电力、石化、交通运输、建材、机械等方面急需的紧缺人才将达到 1.5 万；珠三角产业转移和珠三角的外向型加工企业，也需要大量能源、原材料和人力资源。这些为学院建设机电、材料、数控等多个特色专业创造了契机。待条件成熟，尝试涉足本科层次教育，使若干专业达到或接近广西乃至国内高职院校先进水平，部分学科进入"区域领先、特色鲜明的应用型高等学校"行列。

（二）立足自身独特优势，打造特色专业品牌

一是确保优势特色专业。学院高职部分的机电一体化技术、材料工程技术是中央财政支持重点建设专业，其中，机电一体化技术专业是自治区级高校优势专业；中职部分的汽车运用与维修专业为自治区

级示范性实训基地专业，机电技术应用专业是自治区级示范性专业；在电气、材料、机械等专业有着雄厚的师资，在电工、车工、焊工、制冷设备维修、电子装配等方面的教学和培训上有着一定的特长，为打造优势专业和特色专业创造了条件。二是开设热门、前景好的专业。以特色专业建设为抓手，致力打造、建设与现代化工业及当地着重发展的生态铝产业对接的机电一体化、材料工程、建筑工程、汽车检测与维修技术等特色专业和重点专业，根据社会发展需要，增设急需、就业前景广阔的专业。三是依托"一所七基地"建设。依托"一所"即依托百色职业学院作为国家级职业技能鉴定所这个契机，加强学生技能培养，大力推行"双证书"制度，力求实现专业教学与就业岗位"零距离"对接；依托"七基地"建设，即依托百色职业学院作为国务院扶贫办劳动力转移培训示范基地、广西贫困村屯贫困家庭子女职业教育工程培训基地、广西人社厅劳动力培训品牌基地、百色市安全生产培训示范基地、共青团百色市委就业创业培训基地、百色市残疾人职业培训示范基地、百色市微型企业孵化园实践基地等基地建设，开展多种形式的职业技能培训，综合利用现有资源，充分发挥社会服务功能，体现开放性的办学特色。

（三）完善设施建设，助推提升质量

一是历年投入有成效。从创办至今，学院建筑面积扩大，实训基地建筑面积增加，实验设备总价值提升。二是借评估投入助硬件提升。2013 年底，学院接受国家教育部委托自治区教育厅对百色职业学院进行"普通高等学校基本办学条件"评估验收。借此，学院争取到百色市人民政府划拨的评估经费，争取到中央、自治区财政及教育厅的支持，完善了一批硬件设施。三是争取开辟新校区。随着百色城东新区的开发，百色城内的百色学院、右江医学院、百色市委党校、百色职教中心等高校、单位纷纷在城东落户，考虑到百色市将来经济社会发展对人才的需求，结合学院自身实际，争取市委、市政府的支持，在百色城东划出地块作为新校区。四是争取多元投入办学。

（四）注重内涵建设，强调质量至上

一是加强人力资源队伍建设。进一步建立和完善人才使用和引进机制，拓宽人才引进渠道，加大生产企业第一线的工程技术人员和高级技师等技术技能型人才的引进力度；完善在职教工的培训进修制度，建设一支结构合理、专业水平高、创新能力较强的师资队伍和管理队伍。二是加强师德师风建设。教师大计，师德为本，教职工是大学文化建设和校风建设的主导力量，师德建设是校风建设、教风建设和学风建设的着力点，要鼓励和引导教职员工自觉在政治上、道德品质上、学风教风上率先垂范，为人师表；在制度上，制定师德考评标准，严格师德建设管理，把教职工特别是教师的师德表现与切身利益结合起来，完善激励机制、约束机制和评价机制，规范教师学术品行和学术道德。三是实施教学质量控制工程。对每一个教学环节提出质量标准要求，进一步完善教学质量的控制系统，加强教学管理部门、教学督导委员会和学生信息系统对教学过程的监控，通过听课和说课等方式对专业进行剖析，改善和加强教师对教学工作的投入。

（五）诚交合作伙伴，携手联合办学

一是校企合作办学。在企业中设立实训、实习基地，按照企业需要实行"订单办学"模式。二是校际联合办学。与全国重点高职院校、广西区内高职院校签订帮扶、联合办学协议，在教师培训、专业建设与课程改革、教学管理、人才培养等方面助推提升。三是挖掘自身潜能办学。利用已有的教学体系、教学资源，进行推进改革；同时，使所设立的多个培训基地，如学院职业技能鉴定所、技能鉴定培训中心等单位独具持证考试、鉴定资格的功能。

（本文原载于 2014 年百色市选派干部赴广州挂职学习 2014 年 12 月班刊《羊城记忆》第 2 期）

甘当新兵　学有所获

2014 年 12 月 18 日

～～～❦～～～

转眼工夫，第二个月的广州挂职学习结束，回头小结如下。

一、主动参加挂职单位有关业务活动

（1）参加广州市属高校学生工作专业委员会 2014 年年会。11 月 24—25 日，一年一度的学生工作年会在广州城市职业学院召开，本人作为百色职业学院代表参加会议，并在主席台就座。分管学生思想政治工作的广州市教育局领导，广州大学、广州医科大学等 12 所市属高校领导先后就各自学校在新时期如何做好学生工作，进行了交流、探讨和发言。同时，参加 11 月 26 日广州城市职业学院以"广州的由来及文物古迹那些事"为主题的"城市国学讲坛"第 173 讲活动。

（2）参加 2014 年职业教育校际协同发展联盟工作联席会议。12 月 5 日，本人出席在广州番禺职业技术学院召开的联席会议，来自广西、贵州、青海、吉林、新疆、广东、山西等省（区）的全国 11 所高等职业院校领导、专家出席了这次联席会议。百色职业学院作为联盟成员应邀参加，本人受学院委派出席这次联席会议。

（3）12 月 26 日，本人参加广州城市职业学院 2013—2014 学年度学生表彰大会。学院领导、相关职能部门负责人、各系党总支书记（副书记）、全体辅导员老师以及学生代表等 500 多人参加表彰大会，一批先进班级、个人受到表彰。

（4）参加广州城市职业学院 2014 年度基层团组织绩效管理工作评议会。12 月 25 日上午，该院团委迎接广州市团委年度基层团组织绩效

管理工作评议，本人与该院分管院、团市委学少部、党办、学工部等部门领导出席会议，第三届团委委员、各系团总支书记以及学院青年团员代表共45人参加评议。市团委对该院团委工作给予充分肯定。

（5）12月17日晚，本人出席该院第九届校园文体艺术节闭幕式暨"广城好声音，唱出正能量"十大歌手决赛。院领导、相关职能部门负责人、各系党总支书记、团总支书记以及各系老师、学生代表共600多人参加闭幕式。文体艺术节以"践行核心价值观，共筑青春中国梦"为主题，开展了"摄影大赛""校园辩论赛""主持人大赛""十大歌手大赛""大学生三人篮球比赛"等丰富多彩的活动。参赛学生有8 500多人，指导教师近200人，设置各种奖项70多个，其中有350名学生获奖。

（6）参与学生工作管理。一是参加12月11日广州城市职业学院辅导员工作例会；二是参加12月12日广州城市职业学院2014届毕业生跟踪调查工作会议及学生工作例会；三是参加12月23日广州城市职业学院全校性学生宿舍安全检查工作。

二、主动到企业、城镇考察调研

（1）城镇化建设考察调研。12月16—17日，本人陪同隆林各族自治县人大常委会领导考察广州花都区、佛山南海区、深圳市等地的城市建设、园林绿化，并探望当地老领导、老干部。

（2）深入企业调研。12月18日上午，本人跟随百色广州挂职班代表一行15人前往锦丰科技（深圳）有限公司参观，并与企业领导进行座谈。该企业拥有员工400多人，占地2万多平方米，是集生产汽车、家电、塑胶配件及模具研发制造为一体的大型模具制造企业，由百色田阳籍人士黄华杰先生创建。下午，随挂职一行拜会深圳福田区广西商会，并召开恳谈会。目前，入会企业有200多家，企业产值近1 000亿元，相当于广西一个中等城市的经济总量。19日上午，考察团参观了深港青年创新创业梦工场展览馆、青年培训中心等场所；当天下午拜谒莲花山邓小平雕像。

三、积极参加挂职班级活动

（1）参加 12 月 6 日挂职班委召开的宣传工作会议，各组正、副组长，白云、番禺、海珠等 8 个区的宣传组成员共 12 人参加会议，会议总结第一期班刊编制工作存在的问题和不足，并讨论研究出好第二期班刊工作。

（2）参加 12 月 20 日挂职班级集体在广州海珠区体育发展中心举行的体育活动。

（3）参加 12 月 26 日挂职班级集体在中山大学举办的"2014 年百色市选派干部赴广州挂职学习学员与陈开枝主席的座谈会"，当天下午随班级参观黄埔军校旧址。平时也注意与各位挂职同志的联系与沟通。

四、继续加强学习，掌握更多情况

平时，通过浏览广州城市职业学院网站，学习广州城市职业学院学报、广州城市职业学院校报、广州城市职业学院学生手册、广州城市职业学院学生舆情报告、广州城市职业学院城市色彩讲坛、广州城市职业学院城市国学讲坛、广州城市职业学院工作材料汇编以及翻阅相关材料，进一步了解、掌握广州以及广州城市职业学院有关工作的情况，从而了解情况、获取知识，以便于开阔视野、提高自我。

五、努力做到实践与理论结合

挂职之余，写文章、拍照片，投稿到百色职业学院网站、挂职班刊等，先后发表《广州推进现代职业教育发展经验及对百色的启示》《广州高等职业教育专业建设及启思》等文章和相关照片。

（本文为笔者参加 2014 年百色市选派干部赴广州城市职业学院挂职学习时第二个月的回顾）

同台竞技　能力提升

2015 年 1 月 9 日

为提升辅导员的职业能力和专业水平，推动该院辅导员队伍职业化、专业化发展，1 月 6 日，广州城市职业学院举办了第二届辅导员职业能力比赛。该院 11 名参赛辅导员参加了竞赛，近 200 名师生到场观摩。经过激烈角逐，2 名辅导员获得一等奖，3 名辅导员获得二等奖，6 名辅导员获得三等奖。本人作为领导嘉宾出席了此次大赛，并为获奖辅导员颁奖。

本次竞赛先由各个系初赛选拔，后进入全校性复赛、决赛阶段，参赛选手通过基础知识测试、微博写作、自我形象展示、主题班会视频播放、案例分析、谈心谈话等方式，展示工作技能，交流工作经验，彰显个人风采。当天的比赛主要是自我形象展示，其他环节已在初赛、复赛进行。

辅导员是大学生思想政治教育工作的骨干力量，其"主业"是开展大学生思想政治教育。只有主动学习和掌握大学生思想政治教育方面的理论知识，不断提高工作技能和水平，才能更好地开展工作。

（本文为笔者参加 2014 年百色市选派干部赴广州城市职业学院挂职时的学习见闻）

广州高等职业教育专业建设及启思

2015 年 1 月 18 日

广州市属高职院校主动适应广州国家中心城市建设以及产业转型升级对高技能人才的需要，增强各高职院校资源利用的有效性，加强各自学校的专业建设，做强优势产业，拓展新兴产业，促进错位发展，形成办学特色，其专业建设理念对于百色应该具有较强的借鉴意义。

一、加强优化专业建设的统筹和规划

（1）在市级层面的统筹与规划。根据广州市经济社会发展和各校发展实际，对各个学校进行专业集群定位划分，如广州城市职业学院和广州大学市政技术学院以培养城市建设专门人才为主，构建城市建设工程集群等。

（2）学校在市级规划框架下自主强化专业建设。各高职院校围绕广州市高等教育的总体目标，开展深入、广泛的社会需求调查，在分析广州市产业结构优化升级的趋势、驻穗省部属高校相关专业的设置情况以及近三年招生就业情况等基础上，再对相关材料进行综合分析，建立专业设置预测机制；充分利用好自身专业设计的自主权，在政府确定的办学定位和专业集群框架下，加强与行业企业的沟通，积极争取政府部门的指导，及时把握经济发展、产业结构调整、人力资源的需求，结合自身的培养能力，积极开发新专业，建立专业的动态调整机制，使学校培养的人才数量、规格、层次、结构和比例尽可能适应未来经济和社会发展的需求。各院校通过科学合理的市场预测以及对人才需求的分析，确定院校专业设置和调整方向，加快专业结构调整步伐。由校外行业协会和学校内部人员代表组成顾问委员会，定期对设置专业进行评估，促进专业设置的改进和完善。

二、加强政府宏观调控，促进专业结构与产业结构匹配

（1）以市属高职院校现有的优势专业为基础，做强一批对接十大重点产业的专业，继续加大力度推进汽车检测与维修、城市轨道交通车辆、数控技术、石油化工生产技术、国际金融、模具设计与制造、计算机网络技术、电气自动化技术、物流管理、药学、护理学等优势专业建设，服务于汽车、新信息技术、重大装备、生物医药、现代物流、商贸会展、金融保险等七大产业建设。

（2）以市属高职院校培育设计新专业为增长点，做强新一批对接十大产业的专业。目前，由于办学基础和师资力量等方面的情况，市属高职院校在对接精细化工、新材料、新能源与节能环保等三个专业的设计较少，现正采取积极措施强化专业发展基础，充分发挥自身优势，推进新型专业设计。

（3）结合重点建设项目，促进专业的发展与布局，就市属高职院校而言，主要抓对接产业的三个措施：以广州教育城的建设为契机，对广州市属高职院校的专业结构进行优化，使高职院校在专业建设上形成错位反差；以特色专业学院的发展为手段来对接产业基地的发展，进而推进特色专业学院的建设；以市级重点专业建设项目为抓手，加强市属高职院校的重点专业建设，形成专业特色和发展优势。

三、实施集群化专业发展战略

根据《珠江三角洲地区改革发展规划纲要》《广州市建设现代产业体系发展规划纲要》《广州市中长期教育改革和发展规划纲要（2010—2020年）》《广州市职业教育发展总体规划（2006—2020年）》等文件的精神，结合广州市人力资源市场技能型人才供需状况分析，实施集群化专业发展战略，解决专业分散、重复设计、效益不高等问题，促

进专业集群与广州市优势主导产业和战略性新兴产业的对接和协同发展，职业教育对产业升级的支撑。适应广州优势主导产业与战略性新兴产业发展趋势，重点发展交通运输、工业制造与信息化、城市建设工程、旅游餐饮、财经管理、健康与医药卫生、文艺教育、体育等专业集群。

四、在专业部（点）上调整

（1）压缩经济管理人才的培养规模，主要集中在财经大类和公共事业大类的相关重点专业。经测算，广州市属公办高职院校财经管理集群的办学规模是 6 000～8 000 人，而 2013 年财经大类的在校生数是 14 893 人，财经大类的专业需要优化发展，压缩人才培养规模。

（2）大力发展交通运输大类专业。经测算，广州市属高职院校交通运输集群的发展规模是 8 000～10 000 人，而 2013 年交通运输大类的在校生仅 3 455 人，相对而言，人才培养还是比较缺乏，目前所开设交通运输大类专业只有 9 个，这与广州市重点发展现代物流等支柱产业不相适应，需积极拓展。

（3）调整文化教育大类和公共事业大类的结构，从语言文化教育专业培养促进文化娱乐、公共服务以及提升人们消费层次的专业发展。

（4）控制严重重复设置的专业的招生规模，如市场营销、计算机应用技术等专业。

（5）扩大生化与药品大类的专业规模，而能源大类专业需新增材料专业，尤其是适应战略性新兴产业的新材料、半导体照明、生物制药等专业。

（6）加快专业信息化建设，推动专业的转型升级，使高职专业设计的动态调整与信息技术紧密结合，在原有专业建设中，强化信息技术的应用，拓展和深化专业内涵，促进高职专业适应经济的快速发展。

五、建立健全专业预警退出机制

（1）专业退出机制。当某一专业的就业状况和社会效益不佳时，通过进行专业退出论证，高职院校提出逐步退出原专业领域、终止或消减不景气专业的措施，改造旧专业，逐步转型并介入新的、更有前景的专业。对于社会需求不足、毕业生就业困难、师资队伍弱、专业办学条件不合格的专业，广州市教育主管部门应及时向高职院校发出专业预警。

（2）新兴专业的激励机制。对于新材料与高端制造、新能源汽车等重要战略性新兴产业，应积极鼓励与支持，加大人才培养力度，以满足这些行业对高素质人才的迫切需求；对于一些学生接纳程度不高而产业发展确实需要的专业，可通过降低学费标准、为学校提供补贴等手段，确保该类专业人才的培养能满足社会的需求。

（3）人才预测机制。加强政府部门联动，建立人才预测工作联席会议制度，定期发布各类专业人才预测数据，建立人才预警机制；强化人才供需预测会议交流机制，吸收和借鉴科学的人才预测经验，有效推动人才需求预测工作；进一步加大资金投入，保障人才供需预测工作扎实推进，委托第三方开展深入企业、社区、学校的访问和调研工作，为人才预测提供第一手材料。

六、合理安置退出专业的教师

对已退出专业的教师可以采取就近转换专业、通过继续教育更新知识和彻底转岗等三种形式予以安置。要求退出专业的相关教师通过采取进修、访学、深造等各种方式，争取用 1~3 年时间完成整体过渡，使新的专业师资队伍随之建立。而对一些已无社会需求或社会需求远供过于求的专业可以暂停设置甚至彻底淘汰，其师资可以脱离一线教学岗位，担任专职辅导员，或到行政部门从事专职行政工作。

七、带给我们的启示

启示之一：看准我们的优势专业。广州专业建设，带给我们更多的是引起我们的思考，催生启迪，提供参考和借鉴。我们要清楚，百色的优势专业是哪些，然后重点打造建设。

启示之二：预测市场人才需求分析。可以请校外行业协会和学校内部人员的代表组成顾问委员会，定期对设置专业进行评估，并评估该专业现在及将来的市场需求情况，从而促进专业的改进和完善，这一点平时可能做得不多，建议坚持下去，一以贯之抓落实。

启示之三：部门联动是建设好专业的关键。广州市属高职院校致力于培养当今市场急需的技术技能型人才，以及广州经济社会发展需要的高素质人才，通过学校主动、部门联动、政府调控，及时调整或开设具有前瞻性的、适应战略性新兴产业的专业，这无疑是积极有益的尝试。百色专业建设，是想合理安置落后专业的教师，引进奇缺专业人才，然而这一问题得通过人事、编制办、财政等部门的联动、认可才能解决，仅靠学校的能力是远远不能办到的，在这里，部门的配合、支持就十分重要。

启示之四：结合百色实际建设专业。目前，百色各项事业飞速发展，经济社会发展迎来新的机遇，尤其是工业建设，如火如荼，各类技术技能型人才更是奇缺。如何面对百色，面对市场，加快步伐，调整百色高职院校一些已无社会需求或供远过于求的专业，这是我们接下来一定要做的事情，广州专业建设的做法，我们不可能照抄照搬，应根据百色的实际情况，多方调查、论证、避免盲目、教条，进而调整或开设新的专业，使之调对、调准、实在、管用。

（本文原载于 2014 年百色市选派干部赴广州挂职学习 2015 年 1 月班刊《羊城记忆》第 3 期）